人気店・繁盛店の
ヒットメニュー大全

【プロはこうやる】

「旨い」×「巧い」

人気メニューを作る思考のヒント

旭屋出版

Practical book
for restaurant food creators

はじめに

1969（昭和44）年創刊の月刊誌『近代食堂』では、時代のニーズを捉え、圧倒的に集客するメニューを表紙に掲げてきました。そうした表紙に掲載した力のあるメニューを中心に、ここ数年に絞り、再編集したのが本書です。

コロナ禍を経て、飲食店が集客力を取り戻す一方、食材等のコスト高騰や人材難など、「儲かる」店づくりが非常に難しいのが現状です。そうした中、これからの繁盛店づくりの成否を分けるものとして大きなウエイトを占めるのは、やはり「メニュー」の魅力強化です。

飲食店のメニューで、「おいしさ」や「魅力」を感じさせるポイントは、お客の嗜好の変化に伴って変わっていきます。また、原価が高騰する中では、仕入れや食材の活用法、提供法を工夫し、売れ数も利益も確保できるメニュー開発も求められます。

本書では、繁盛店のヒットメニューを数多く紹介しています。さまざまな業種業態のヒットメニューの中から、調理技術や味づくりなどの料理としての「旨さ」、そして提供法、効率化や原価低減の工夫などの「巧さ」の両面から、ヒットメニューの魅力を解説していきます。いま必要なメニュー開発の視点・思考法を他ジャンルからも学び、令和の時代の「本当に強いメニューづくり」の発想の引き出しにしていただけると幸いです。

旭屋出版『近代食堂』編集部

もくじ

01 圧倒的なビジュアルで魅せるメニュー

02

ここだけの価値を高める新発想メニュー

03

時代をとらえて進化する看板メニュー

04

20年以上愛され続ける老舗メニュー

本書をお読みになる前に

・本書は、旭屋出版月刊誌『近代食堂』２０１７年６月号～２０２３年９月号で掲載した表紙メニューを中心に再編集し、一冊にまとめたものです。
・本書で紹介しているメニューの内容や価格、各店のデータに関するものは２０２３年９月末現在のものです。また、価格は基本的に消費税込みの総額表示です。
・メニューによっては、季節メニューやコースメニューの一部もあり、内容は随時変わっているものもあります。

01

圧倒的なビジュアルで魅せるメニュー

〈ヒットメニューの法則〉「高揚感」

繊細な盛り付けや色彩感、見るだけで心が浮き立ってくるような料理。最初に登場する一品に、そうしたエモーショナルな表現があると、ずっとお客の脳に刻み込まれる。さらにその先の口の中に広がるおいしさ。それらが相まった高揚感が日常のふとした瞬間によみがえり、また店を訪れたいとお客に思わせる。

発酵茶葉とフレッシュな野菜、
乾物の織りなす複雑味を
季節のソースで

東京・外苑前　Ăn Đi

ティーリーフサラダ

洗練されたモダンベトナミーズとペアリングが楽しめる店として、2017年にオーナーソムリエの大越基裕氏がオープンした。シェフの内藤千博氏は日本の食材や発酵食材も多く取り入れ、レストランフードに昇華した新感覚のベトナム料理を作り出す。同店のスペシャリテとして認知される「ティーリーフサラダ」は、食べておいしい茶葉がテーマ。

多彩なフレーバーで五感を刺激

別添えのソースをかけ、スプーンで混ぜ合わせて食べてもらう。異なる素材が一体化し、一口ごとにいろいろなフレーバーが楽しめる仕掛けで魅了する。

旨い　食感や風味、香りに着目して素材を揃える

野菜はスパイスで香りづけしたキャロットラペや塩をした胡瓜、ミニトマト、もち麦など。白ゴマやフライドエシャロット、ココナッツフレークを加え、野菜にはないコクや食感をプラスする。皮ごと使う柑橘の酸味や苦味、甘納豆の甘味なども加え、複雑で多層的な味わいを作り出す。

春夏は煎茶、秋冬は焙じ茶を自家発酵

茶葉は福岡県八女市の星野製茶園のもの。季節によって新茶や焙じ茶も使う。これを熱湯でさっと炊いてペーストにし、ヨーグルトの乳酸菌を利用して発酵させる。発酵によって生まれる複雑味で奥深い味わいになる。

ベトナムのローカルフードから着想し、発酵の複雑味を主役にするスタイリッシュなサラダ

ティーリーフサラダ

シェフがミャンマーで出会った茶葉のサラダ〝ラペットゥ〟を『Ăn Đi』風にアレンジ。発酵茶葉に人参や胡瓜、もち麦、ココナッツフレーク、甘納豆など風味や食感の異なる野菜や乾物を取り合わせ、ソースと混ぜ合わせて食べる、見た目にも味わいにも驚きのある一皿だ。

独立以来、ワインのセレクトや独創的なペアリングの提案など、レストランシーンを牽引してきた、ワインテイスター・ソムリエの大越基裕氏。自身の仕事を具体化し、発信する場としてオープンしたのが『Ăn Đi』だ。新感覚のベトナム料理とペアリングが楽しめ、これまでになかった食体験を求めて多くのお客が集まる。ベトナム料理というとローカルフードの印象が強いが、同店の料理はまったく違う。日本の食材や発酵食材も取り入れ、季節感あふれるレストランフードに昇華させたモダン・ベトナミーズを供していく。

季節で変わる発酵茶葉を主役に 五味五色を揃えてサラダに

「ティーリーフサラダ」もそうした料理を象徴する一品だ。まずは素材。日本には茶葉を食べる文化はないが、緑茶自体には親しみがある。大越氏が体験した「食べておいしい茶葉を料理に」と開発したのがこのサラダだ。

シェフの内藤千博氏は「茶葉を食材にする」アイデアを具現化するためにヒントを得たのが、ミャンマーを訪れた時に知った現地のローカルフード〝ラペットゥ〟だ。ラペットゥは発酵させたお茶の葉と揚げたナッツや野菜を和えて食べるサラダ。まず、この茶葉を発酵させる手法を取り入れた。茶葉の風味を逃がさないようさっと炊いてペースト状にし、ヨーグルトと塩を加えて圧す。これを常温をおいて発酵させ、酸味が出てきたところで発酵を止め、真空包装して冷蔵で保存する。発酵の時間は気温によって変わり、夏場は4〜5日間、冬場は1週間ほど。

茶葉を発酵させることで、茶葉のほろ苦さや旨味のほか、発酵由来の甘味、酸味、塩味などが生まれ、味わいに複雑さも増す。茶葉には煎茶だけでなく、秋から冬にかけては焙じ茶、新茶が出回

日本の食材でベトナム料理。店のオリジナル性を表現した一皿です。

る時期には新茶を使用。焙じ茶では香ばしさも加わり、秋らしい味わいになる。

茶葉に取り合わせる素材もまた、香りや食感、風味など、一口ごとにいろいろなフレーバーを感じられるよう、個性の異なるものを揃える。野菜はフェンネルシードとナンプラーで風味を付けた2種類の人参と塩でもんだ胡瓜、ミニトマト、塩茹でしたもち麦。人参はフレンチでいうキャロットラペを、そのままでは面白みがないとエスニックのテイストを加える。

旬の柑橘も入り、皮の苦味も活かしたいと皮ごとカットする。撮影時の河内晩柑のほか、時季により、極早生のみかん、温州みかん、金柑、柚子なども使う。さらに、白ゴマや素揚げしたエシャロット、ローストしたココナッツフレーク、甘納豆を加え、野菜やフルーツにはないコクや食感をプラスする。それぞれの具材は混ぜ合わせることなく、器に順に盛っていく。

味わいも色合いも鮮やかなソースで季節を表現する

そして、これらを一つにまとめるのが、季節の食材から発想されるソースだ。たとえば、6月。梅雨時には「梅と赤紫蘇のソース」が登場する。前年に漬け込んだ南高梅の梅シロップと色出しした赤紫蘇を合わせ、菜種油を加えてソースに。目の覚めるような鮮紅色も印象的だ。

時季によって、イチゴのソース、甘夏のソース、秋の焙じ茶の茶葉にはリンゴとシナモン、ローズマリーのソース、酒粕のソースと、変化に富んだ味わいでお客を飽きさせない。

ティーリーフサラダは、コース（1万670円）の中で、アミューズに続いて「挨拶替わりのお皿」として供される。コースのはじめに、「ティーリーフサラダ」があることで、ここにしかない料理への期待がいっそう高まる。

外苑前駅から徒歩5分。通りから一本入った小路の一角にある隠れ家風の店舗で、お客のほとんどが予約で訪れる。店内はモダンナチュラルなテイストでくつろぎの空間が広がる。

Ăn Đi
住所／東京都渋谷区神宮前3-42-12
営業時間／火～金18：00～23：00（L.O.21：00）
土・日・祝日12：00～15：00（L.O.13：30）、18：00～23：00（L.O.21：00）
定休日／月曜日、その他不定休あり
規模／18坪・24席
客単価／1万3000～1万6000円

〝空気〟をテーマに設計。
日本の「季節感」を盛り込む

東京・銀座　Restaurant Air

エール

「空気」をコンセプトにした、まるで素材が宙に浮いているかのような美しいビジュアルの冷前菜。15種類以上の季節の食材を用い、見た目からも四季を表現する。さらに味わいでは、この一品で「五味」に「辛味」を加えた「六味」を感じられるように工夫をこらす。

グラスとチュイルで “浮いている” ように

グラスの中身を盛り付けたのち、ムースを絞って食用花を飾ったチュイルを裏返してグラスにのせると、食材が浮いているように見える。

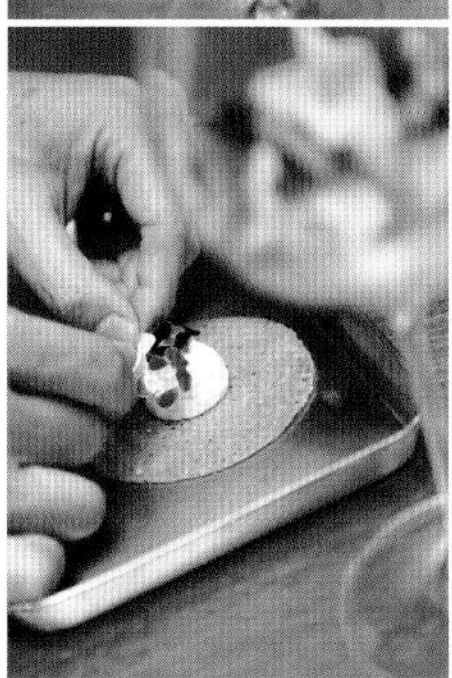

グラスの上のパーツ

玉ネギのチュイル／新玉ネギのムース／トレニア／ワサビのアイスクリーム／チュイル／マイクロシソ

季節の素材を 15 種類以上盛り込む

グラスのベースのパーツ

ホワイトアスパラガスのブランマンジェ／ホワイトアスパラガスのピクルス／昆布と鶏だしのジュレ／玉露

グラスの中のパーツ

スズキのカルパッチョ／ズワイガニとキュウリ、セロリのマヨネーズ和え／赤玉ネギのコンフィ／ビワ／ブロッコリー／木の芽／花キュウリ／花穂ジソ／キャビア

「甘味」、「苦味」、「酸味」、「塩味」、「うま味」、「辛味」の「六味」すべてを入れ込むように、季節の素材を取捨選択。ハーブや食用花で彩りも鮮やかに。

日本のすばらしい食材の力を最大限に引き出したい 強いメッセージ性を、料理を通しお客に伝える

エール
ワイングラスの中に季節の食材を盛り付け、ムースをのせたチュイルで蓋をすることで、この料理のコンセプトである"空気感"を表現。視覚的な驚きと、素材の組み合わせの妙を楽しませる。

美しすぎる見た目に 女性客が歓喜する

ワイングラスに閉じ込められたカラフルな素材。思わず歓声を上げてしまうほど美しいビジュアルと、まるで素材が宙に浮いているような不思議な盛り付け。「どうやって食べればいいのだろう」という見た目の驚きから始まり、「どんな味がするのだろう」というワクワク感とともに口に運べば、様々な素材が複雑に混ざり合い、ひと口ごとに違う味がなんとも楽しい。

店名である「Air」(=フランス語で「空気」)という名を冠したこの料理は、その名の通り「空気」をコンセプトに開発。ワイングラスを用いて空洞を活かした盛り付けを施し、テーマである「空気感」を見事に演出している。

「空気をどう料理で表現するか。難しいテーマではあったのですが、風が通り抜けるようなイメージを表現したいと考え、盛り付けを考えました」とシェフの山本英男氏。モダンガストロノミーの手法を取り入れ、アーティスティックな料理を生み出す、注目の若手料理人だ。

「エール」を作る際に山本氏が心がけているのは、第一に季節の食材を盛り込み、見た目からも四季を表現すること。そして、味覚の要素である「五味」に「幸味」を加えた「六味」を、この一品で感じられるような内容に仕上げることだ。取材時の例でいえば、新玉ネギのムースの「甘味」、赤玉ネギのコンフィの「酸味」、玉露の「苦味」、シソエキスでマリネしたスズキの「うま味」と「塩味」、ワサビのアイスクリームの「辛味」といった具合だ。

また、ホワイトアスパラガスは、甘みがありなめらかな口溶けのムースと、酸味がありシャキシャキとした歯触りのピクルスの2種類に仕立てる

素材そのものの味と「六味」が際立つように全体のバランスをとります。

など、同じ素材であっても調理法や味付けをかけ、ひと皿の中に多彩な食感と「六味」をバランスよく組み込んでいる。

食べる時は、チュイルを崩しながら上の具材をグラスに落とし込み、グラスの中の素材と一緒に「六味」をひと口で味わってもらう趣向だ。そのためチュイルは、食材の重さを支えつつほどよく割れて、食感のアクセントとなりつつ、他の素材とも違和感なく混ざり合う。そんな絶妙な硬さに仕上げている。

素材の力を引き出した料理で
お客に感動や驚きを与える

『レストランエール』は、オーナーの林　真史氏と、シェフの山本氏で東京・恵比寿で5年半営業し、連日予約で満席だった『ビストロ間』が前身。より広い店舗を求めて移転し、2015年9月、店名も新たに銀座の一等地で再スタートを切った。

現在の料理は、昼夜ともにおまかせコース1種類のみで、昼は7品7700円（サ別）、夜は11品1万3750円（サ別）。店のコンセプトは、「日本のすばらしい食材や生産者を大切に思い、素材の力を最大限に引き出した料理で感動や驚きを与えること。「エール」は、素材の数も味の要素も多い料理なので、その前後に出す料理はあえて素材をシンプルに活かした料理とし、コースの流れに緩急をつけています」と山本氏。「エール」は冷前菜という位置づけで、そのあと温前菜、魚料理、肉料理と続き、デザートと小菓子が計3品という流れ。「エール」に用いた玉露やビワなどに加え、自家製甘酒や麹味噌、あおさ海苔、ユズなどの和素材も柔軟に取り入れられており、山本氏の食材に対する多彩なアプローチと引き出しの広さを堪能できる内容だ。

あおさ海苔

※取材時のディナーコースより

５日～１週間ねかせた鳥取産ヒラメを、スチコンでミキュイ（半生）に火入れ。あおさ海苔はフリットにして香りを立たせ、アンチョビバターソースにも加えて味の一体感を出す。グリーンアスパラガスのローストやアスパラソバージュ、ミニクレソンを添える。

Restaurant Air

住所／東京都中央区銀座5-7-10 EXIT MELSA 8F
営業時間／12：00～15：00（L.O.12：00）、18：30～22：00（L.O.19：00）　土・日・祝日18：30～22：00（L.O.18：30）※完全予約制
定休日／EXITMELSAの休館日（年に4日）
規模／31坪・14席
客単価／昼1万円、夜1万9000円
HP／http://www.restaurant-air.com/

10種類以上の
旬の野菜を組み合わせた
滋味豊かな〝ベジ〟テリーヌ

東京・渋谷　ぽつらぽつら

旬野菜のスペシャルテリーヌ

旬の野菜を10種類以上組み合わせた、目にも鮮やかな野菜のテリーヌ。動物性食材は一切使わず、ゼリー部分は海藻由来の凝固剤と透明なトマトエキスを使用し、調味料は塩と白ワインビネガーのみ。コクと甘みのある自家製フレンチドレッシングを添える。

巧い　鮮やかな美しさを野菜のみで表現

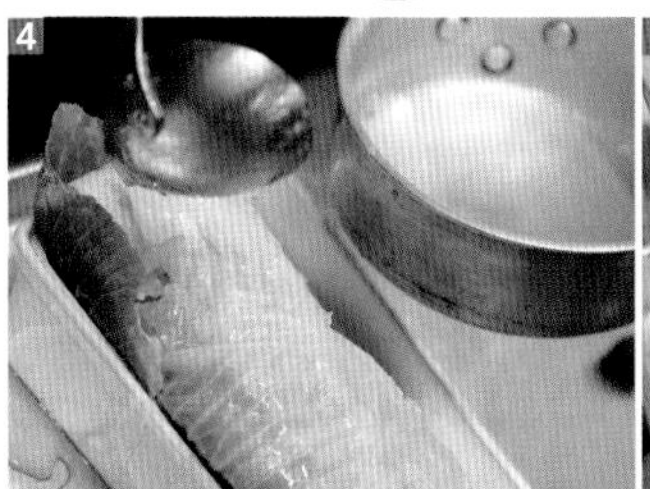
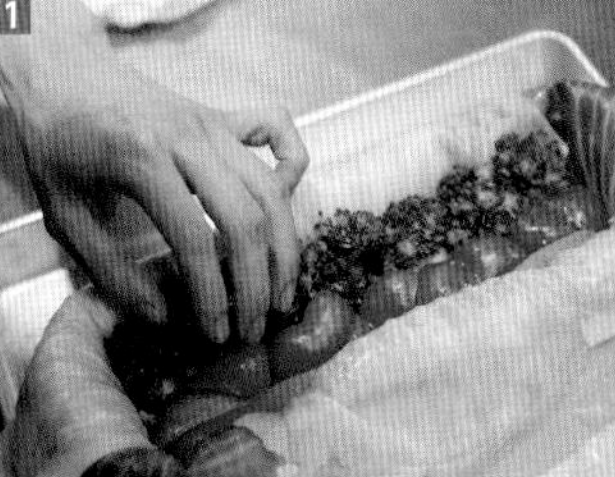
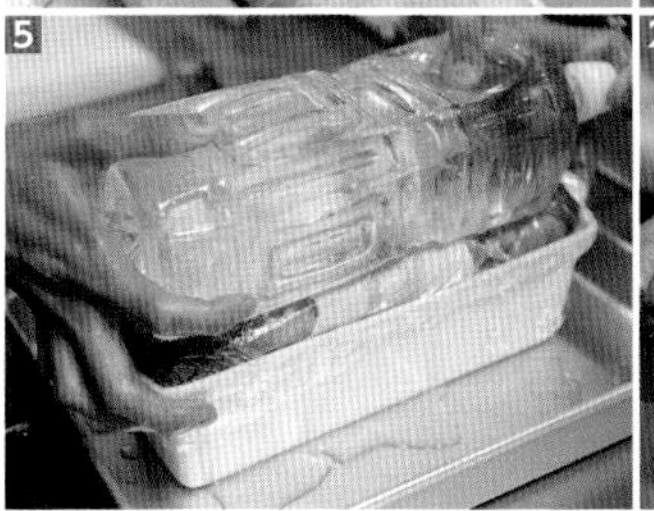

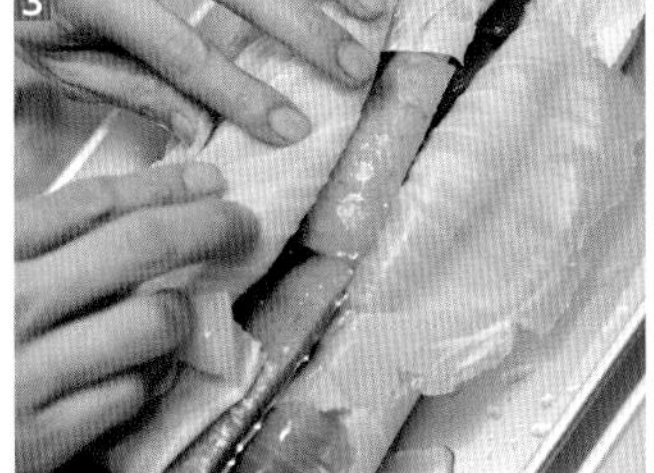

①カットする際に全体を取り出しやすいよう紙を敷く。それから火を通したキャベツの葉を6枚敷き、なるべく隙間がないように野菜を詰めていく。②野菜の上からジュレを回しかける。空気が入らないようにこの工程を何回か繰り返す。③④キャベツで蓋をし、その上から再度ジュレをかけて固める。⑤粗熱を取ってからペットボトルで重しをして3時間以上冷やす。

旨い　旬の野菜を多彩に取り込む

取材時に使用した野菜はアスパラガス、スナックエンドウ、ブロッコリー、紅芯大根、人参、しいたけなど。旬の根菜や果菜類を使って毎日少しずつ中身の違うテリーヌに仕上げている。

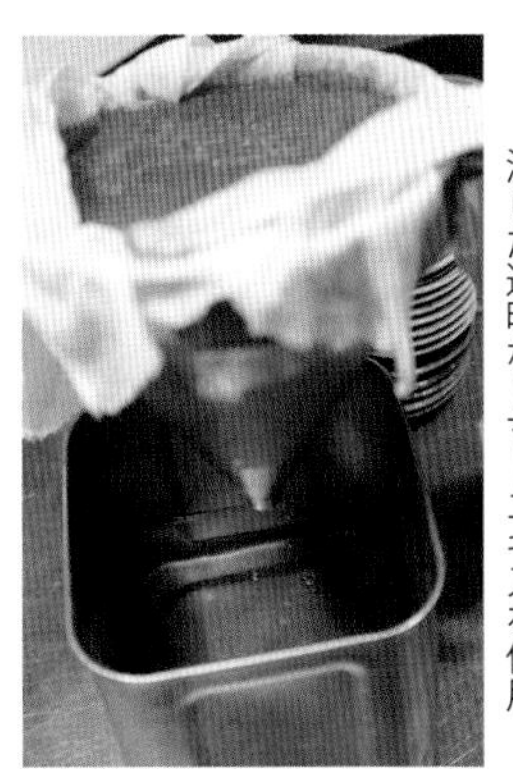

ゼリー寄せのジュレには、生のトマトをミキサーで撹拌し、ゆっくりと濾した透明なトマトエキスを使用。

フレンチの一品のように美しく華やか居酒屋感覚で気軽に味わう野菜のテリーヌ

近年、ヘルシー食材の代名詞である野菜への嗜好がますます高まりつつある。特に「ファーム・トゥ・テーブル」（直訳では〝畑から食卓まで〟といった意味）や「オーガニック」などの言葉が多く聞かれるように、新鮮で環境と身体にやさしい農作物へのニーズは、日本のみならず世界的にも強まる傾向にある。

そんな中、カジュアルな〝居酒屋〟の立ち位置で、野菜を主役に据えたハイクオリティーなメニューの数々を提供して人気を集めているのが、2009年に東京・神泉にオープンした『ぽつらぽつら』だ。女性客が6割を占め、舌の肥えた30～50代のグルメ層から圧倒的な支持を集める。

野菜の旨みが凝縮！四季を閉じ込めたベジテリーヌ

そんな同店の看板メニューが「旬野菜のスペシャルテリーヌ」だ。夏のおまかせコース（6600円、8800円）に組み込んでおり、トータルでの一日出数は20～25皿。夏の旬の野菜をフレキシブルに楽しめることも人気の要因となっている。

このテリーヌの特徴は、野菜の持ち味を最大限に引き出した〝ベジ〟テリーヌであるということ。中身の包み込みに使用するキャベツの葉のほか、具材には野菜を約10種類使用。また、ゼリー寄せにもゼラチンを使わず、生トマトをミキサーにかけた後ゆっくりと濾して抽出した透明なトマトエキスと、海藻由来の凝固剤を使用している。そして調味料は塩、白ワインビネガーのみ。動物性食材は一切使用せず、野菜そのものの持ち味を前面に出した一品となっている。

味わいのポイントは野菜の火入れだ。使用する野菜は日々変化し、一週間と同じものは続けない。旬のアスパラガス、走りのズッキーニ、食感を楽しむ根菜やベビーコーン、彩りの美しいトマトと

旬野菜のスペシャルテリーヌ

露地物や無農薬栽培などこだわって仕入れる旬の野菜を、10種類以上使用。野菜は時間差で蒸し器に入れて加熱時間を変え、それぞれの素材の持つ味わいや食感を活かす。

見た目の華やかさと素材の持ち味。旬の野菜の魅力を一皿に表現したテリーヌです。

いった具合に多種の野菜を自在に組み合わせ、それぞれの持ち味とおいしさが引き立つよう、時間差で蒸し器に入れて火入れを施す。口に含んだ際、個々の野菜の食感や香りのバリエーションが楽しめるように設計されている。

また、テリーヌに添える自家製のフレンチドレッシングも、皿の魅力をより一層高めている。作り方は、まずざく切にした玉ネギをリンゴ酢、タラゴンパウダーと共に煮詰める。そこに水を入れてさらに煮込む。この工程を3回繰り返し、リンゴ酢の酸を抜いた「ドレッシングのもと」を作る。さらにその「ドレッシングのもと」に、黒胡椒、白ワインビネガー、ニンニク、マスタードなどを加えて撹拌、乳化させてドレッシングが完成。

酢を何度も煮返すことで酸味がやわらかくなり、そこはかとなく玉ネギの甘みとタラゴンの香りがきいたこのドレッシングは、コクと甘みのある味わいで、滋味豊かなベジテリーヌと絶妙にマッチ。盛り付けの際には、冷たく冷やしておいたガラスの皿に、トマトのみじん切りとグリーンリーフを添えて華やかに提供する。

コンセプトは〝うみとはたけ〟。日本の風土を楽しませる

同店のオーナーシェフの米山　有氏は、ダイニング系の居酒屋チェーンやフレンチレストランで修業を重ねた人物。29歳で独立するにあたり、「日本の生産者の顔をお客様に伝えられるような店がやりたい」と考え、コンセプトを〝うみとはたけ〟に設定。また自身が外食を重ねるなかで、常々「おいしい野菜料理をしっかり食べられる居酒屋が少ない」と感じていたことから、伝統的な和食やフレンチの技術を駆使しつつも、カジュアルな価格帯の居酒屋スタイルでスタートを切った。

現在、野菜は神奈川県横浜市「松澤農園」の露地野菜や、長野県佐久市「ゆい自然農園」の無農薬野菜を直接仕入れるほか、米山氏が豊洲市場や農協の直売所へ赴いて、良質な野菜を買い付けている。固定した野菜を使わず、その時々で旬の安価なものを選ぶことで、こだわりつつも原価率ダウンに成功している。

ぼつらぼつら
住所／東京都渋谷区円山町22-11　堀内ビル1F
営業時間／18：00〜23：00（L.O.21：30）
定休日／不定休
規模／12・5坪 20席
客単価／1万円

パリッとしたクリスピー感と
濃厚フォアグラの口溶けのよさ

東京・南青山　L'AS

フォアグラのクリスピーサンド

薄くてサクサクのクリスピーで、ソースをグラッサージュしたフォアグラを挟んだ。中には酸味のあるジャムも忍ばせる。フォアグラは温度管理を徹底して火入れし、口溶けのよさを工夫。丁寧に包装した形で提供し、お客自ら袋を開けて手で持って食べてもらう。

巧い　サクサクのクリスピーで濃厚なフォアグラを挟んで

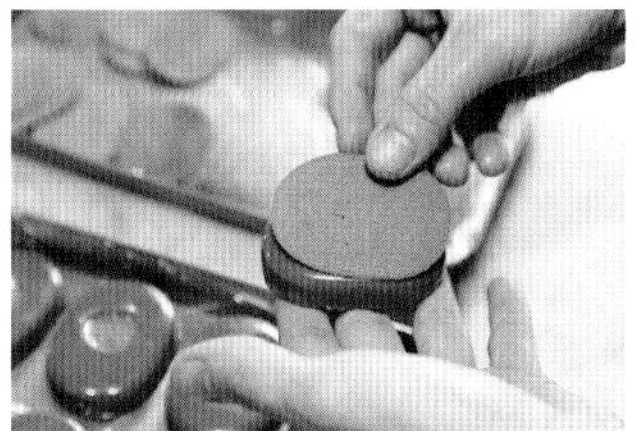

フォアグラの口溶けに合わせて薄く、サクっとした口当たりで仕上げたクリスピーで挟む。生地は小麦粉と片栗粉、重曹、ベーキングパウダー、三温糖を水でつなぎ、ブレンドオイルを加えたもの。オーブンシートに挟んで低温で焼き固めてから型抜きし、さっくりと焼き上げる。

高級なお菓子のようなパッケージで提供する

丁寧に包装された姿で客前へ。お客自ら包装を開け、手で持ちながら食べる。この一連の所作もまたワクワクとした楽しさにつながる。

旨い　キャラメルのソースの甘さ＋オレンジの酸味

粘度のあるキャラメルソースでつややかにグラッサージュ。中心に酸度を高めたオレンジジャムを射込む。

巧い　低温火入れで口溶けのいい仕上がりに

ハンガリー産の鴨のフォアグラを使用。冷製で食べたときの口溶けを考慮し、低温で火入れする。一つずつ真空包装し直し、湯煎で70分加熱したあと、一晩冷蔵庫で冷やす。

すべての工程で温度管理を徹底し、なめらかさを保つ

だれないよう冷蔵庫で温度管理しながら作業を進める。脂を取り除き、ロボクープで回し、途中、塩などを加えて乳化させてから型に詰める。

気軽に手で持ってかじる「フォアグラ料理」でフレンチの垣根を低くし、カジュアルに楽しんでもらう

フォアグラのクリスピーサンド

同店の名物として、誰もが周知するスペシャリテ。フォアグラをコーティングするフレーバーは30種類以上のバリエーションで、幾度も訪れるお客にも常に新しい発見がある。

２０１２年にオープン以来、シンプルに料理とワインを楽しんでもらいたいというオーナーシェフ・兼子大輔氏の明確なコンセプトがお客を引き付け、月に延べ３０００人もの集客を誇る東京・南青山の『L'AS』。料理は６６００円のコース一本のみで、料理にペアリングするワインのコースを合わせて注文するお客が多く、客単価は1万円。誰かを誘いやすく、月に一度程度の来店にも抵抗の少ない絶妙な価格帯で、30～40代を中心に若い世代にも支持されている。

同店の圧倒的な誘引力の一因となっている一品が「フォアグラのクリスピーサンド」だ。現在ではお取り寄せ商品でも人気で、一度目にすると、お客の記憶に鮮烈な印象を残す。「若い世代が肩肘張らずにリラックスして楽しんでもらえる店を作りたかった」と兼子氏。包装を破り、手で持って食べる「フォアグラのクリスピーサンド」が、そのアイコン的なメニューとして存在する。

同店ではオープン当初より様々なスタイルでフォアグラを提供していた。当時は2週間に一度のペースでメニューを変えていたため、「フォアグラのクリスピーサンド」を定番にする予定はなかったという。ところが一度食べたお客からのリクエストの声を受けて定番化し、いまではスペシャリテとして浸透している。

自身の好きなアイスクリームが開発のヒントになった

開発のヒントは、兼子氏自身が好きなハーゲンダッツのクリスピーサンドにあった。「これにフォアグラを挟んだら絶対おいしい」と、薄く作ったサクサクのクリスピーで、ソースをグラッサージュしたフォアグラを挟む。形も小判型で手に持ちやすく、包装して手で持って食べてもらうようにした。コース序盤、アミューズの次に提供し、

若者がリラックスして楽しめる雰囲気作りに「フォアグラのサンド」はひと役買っています。

気取りのなさと意外性で、フランス料理の敷居の高さを払拭し、リラックスした空間を演出するのにもひと役買う。

この料理の最大の魅力は、フォアグラの口溶けのなめらかさにある。これは調理工程の中での徹底した温度管理から生まれるもの。フォアグラは、冷製の料理に向く鴨のフォアグラを使用し、真空包装して低温で70分ほど火入れする。この温度も口溶けのよさを狙ったもの。その後ひと晩冷やしてから、余分な脂や筋、血管などをきれいに取り除く。下処理の際も氷水にあてて行なうなど温度管理を徹底。さらに2時間ほど冷蔵庫で休ませてから、ロボクープにかけて回し、塩などを加えてなめらかに乳化させてペースト状に。セルクルに詰めた後、冷蔵庫で40~50分冷やす。

こうした温度管理は、工程の中でフォアグラがだれてしまうことを防ぎ、しまった状態でお客に提供するため。フォアグラは一度だれてしまうと融点が低くなり、提供時にやわらかくなりすぎてしまうのだ。

味を変えていくことで飽きさせず、お客を引き付ける

グラッサージュのフレーバーは、定番となったキャラメル、マンゴー、ストロベリー、赤ワインなどの他、焼きリンゴやマロンなど季節限定のものを含めて30種類以上。毎回新しい味わいに出会う可能性をお客に与える。

また食べ飽きさせない工夫として、キャラメルの場合はオレンジジャムといった具合に、中心に酸味のあるジャムを詰める。「酸味のあるジャムでリズムを付ける」ことで、最後まで飽きずに食べてもらうことを考えてのこと。さらに口溶けのよさを際立たせるクリスピーのサクサク感が加わり、同店のスペシャリテが完成する。

同店のメニューは月替わりのコース1本のみ。ただしコース料理は3分の2以上を新作で構成。「フォアグラのクリスピーサンド」のような魅力的なスペシャリテに加え、季節の食材を取り入れ、その時期にしかできないものを作り出していくことで、お客を引き付け続けている。

L'AS
住所／東京都港区南青山4-16-3 南青山コトリビル1F
営業時間／12：00～14：30（L.O.12：30）、
17：30～22：30（L.O.20：30）
（土・日・祝日は17：00～）
定休日／不定休
規模／45坪・40席
客単価／1万円
HP／https://las-minamiaoyama.com/

〝つかみの一品〟として成功の鮮烈トマトのホットパイ

東京・池ノ上　トネリコ

トネリコ名物フルーツトマトのパイ　495円

賞味期限１分のトマトパイ――。衝撃的でキャッチーな謳い文句に、訪れたお客はまず心を惹かれる。そして、トマトが丸ごとのったパイの鮮やかさ。口に入れると、とろりとほどける果肉から酸味と甘みが広がり、下支えするパイのサクサク感と一体化する。ごくごくシンプルな取り合わせであるのに、誰の心にも強く印象に残る一品が、「トネリコ名物フルーツトマトのパイ」だ。

巧い　賞味期限１分で食べてもらう

トマトとの一体感を考慮し、パイの表面にザクザクと傷をつけてからトマトをのせ、すぐに提供。賞味期限１分とし、パイがしんなりする前に食べてもらう。

旨い　トマトとパイを一緒に焼く

パイ生地は業務用の冷凍パイシートを使用。２～３口で食べられる大きさにカットし、あらかじめ焼き上げて保存しておく。

パイ皿にトマトをのせ、白胡椒、塩、EXV.オリーブオイル、マルドンの塩をふる。傍らに紙を敷いてパイをのせ、180℃のオーブンで３分半火を入れる。パイの下に紙を敷いて油を吸わせることで、パイがサクサクのまま温まる。

巧い　薄くスライスし、トマトを食感よく

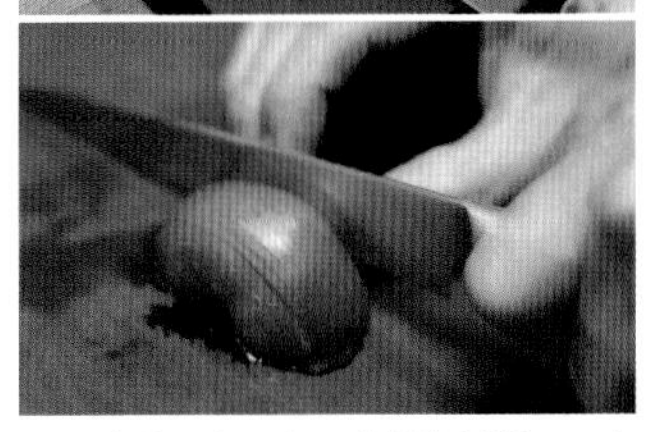

その時季においしい産地や品種のフルーツトマトを使用。撮影時は「アメーラ」。２～３mm間隔の薄さで庖丁を入れ、パイの長さに沿わせるよう押し広げる。

パンコントマテから着想したシンプルな前菜が絶妙な火入れとパイのサクサク感で特別な一品に

トネリコ名物
フルーツトマトのパイ
サクサクパイの上に、甘さと酸味のバランスがよいフルーツトマト。オーブンで焼くことでトマトの果肉がほどよくとろけ、パイとの一体感が増す。賞味期限１分というキャッチーさもあり、最初に訪れるお客は必ず注文する名物メニューになっている。

シェフの加藤大氏が『トネリコ』をオープンにあたって、つかみの一品に、何か目玉になるものがほしい」と開発したのが「フルーツトマトのパイ」だ。狙い通り、メディアにも取り上げられ、同店のアイコンメニューになっている。

トマトだけなのにおいしい、他には何もいらないシンプルさ

このトマトパイのヒントはスペインにある。加藤シェフが店をオープンするまでの間に訪れたスペインで出会ったのがパンコントマテだ。朝食に食べたトーストの上に生のトマトをぬり、オリーブオイルをかけるだけの料理のおいしさに驚いた。「こんなにシンプルなのにこんなにおいしい。トマトだけでいいんだと理解できたんです」。

もともとパイを使った料理を何か店のメニューに入れたいと考えていたこともあり、ここからシンプルなトマトパイへの構想が始まった。

トマトは糖度が高く味の濃いフルーツトマトを使用。気軽に手でつまんで食べてもらえるくらいのパイにも、小ぶりなサイズ感がちょうどいい。年間を通してトマトパイをオンメニューするため、時季によって長野、静岡、高知と産地は変わっていき、その時々で最適なものを厳選して契約農家から仕入れる。

１個のパイに付き、フルーツトマト$\frac{1}{2}$個を使い、ヘタをくり抜いたら、繊維を断ち切る方向でごく薄くスライスしていく。この薄さにより、表皮の歯触りがまったく気にならず、加熱した後の果肉の口当たりもよくなり、パイとのなじみもいい。

加熱する前に、塩をすることもポイントで、この塩により、トマトの甘さや酸味をぐっと引き出していく。スライスしたトマトはオーブンで火入れするためのパイ皿にのせ、最初に白胡椒をふり、粒子の細かい伯方の塩をふる。さらにギリシャの

トマトだけなのに、こんなにおいしいと最初の一品で心をつかむのが狙いです。

同店のコンセプトは「カジュアルで高品質な町の食堂」。植物に囲まれた外観、店内ともにナチュラルテイストな雰囲気だが、提供される料理は「フルーツトマトのパイ」のように〝驚き〟に満ちている。看板メニューの一つ、「トネリコのハンバーグver.2.0」では、肉に加えるスパイスはナツメグではなく、シナモンだ。こうした既存の料理も、一度分解し、再構築することで常識にとらわれない新しいおいしさを見つけ出していく。

香り高いEXV.オリーブオイルをふりかけ、トマトの表面をしっとりと香りよく。最後にマルドンの塩を散らし、ガリっとした食感とまろやかな塩味をアクセントにする。

土台となるパイは、オペレーションの効率を重視し、業務用の冷凍パイ生地を使用。あらかじめカットして焼き上げておくことで、提供までの時間を短縮させている。

これをトマトと一緒にパイ皿にのせる。パイを温めると油が染み出てきてしまうので、サクサクに仕上がるようキッチンペーパーを敷き、油を吸収させせながら温めることもポイントになる。一皿にまとめたトマトとパイを180℃のオーブンで3分半ほど焼く。この時間にパイは焼き戻り、トマトにはほどよく火が入る。焼き上がったら少しおき、温度を落ち着かせてから提供する。すぐに口にほおばると熱すぎてしまうからだ。

仕上げに、パイの表面をザクザクと切り込んでからトマトをのせ、イタリアンパセリの緑を散らして仕上げる。パイに切り込みを入れるのは、トマトのなじみを考え、歯当たりを考えてのこと。

生ではなく、かといって火が入りすぎてもいないフレッシュ感の残るトマトの絶妙な火入れにより、パイとのバランスをギリギリのところで保つ。だからこそ瞬間のおいしさを味わってもらいたいと賞味期限1分とする。

トネリコ
住所／東京都世田谷区代沢2-7-9
営業時間／平日18：00～23：00（L.O.21：30）
土・日・祝日：11：30～15：00（L.O.14：30）
18：00～23：00（L.O.21：30）
定休日／月曜日
規模／10坪・21席
客単価／昼2000円、夜6000円
HP／http://tonerico.tokyo/

渋谷から数駅の池ノ上駅から徒歩3分。店名にもなった「トネリコ」など植物に囲まれた店舗はカフェのようなナチュラルな雰囲気。

タコとリゾットのだし感が
お客の心に残り定番に！

東京・中目黒　La gueule de bois

タコのグリル お米と蓮根、大麦のンドゥイヤリゾット　2皿3000円

2018年にオープンした『La gueule de bois』は、ビストロの要素にガストロノミーの要素を加えたビストロノミーとして、本物のフレンチを知る大人客をつかむ。カリッとグリルしたタコに旨味深いリゾットの組み合わせも、ビストロを超えた独創的なメニューとして人気を誇る。

発酵ソーセージで旨味を蓮根と大麦で食感をプラス

スープ・ド・ポワソンに発酵ソーセージ・ンドゥイヤを加えることで、コクと旨味、塩味、辛味が一体となった複雑味を作り出す。

イタリア・カンブリア州特産のンドゥイヤソーセージ。現在は国産のものを使用する。

リゾットにはシャキシャキとした蓮根とプリプリとした大麦（ファッロ）を加え、多彩な食感で楽しんでもらう。

巧い　表面をカリッと香ばしく

仕上げに表面を香ばしく焼くことで、内側のタコの弾力が際立ってくる。

二度の冷凍でタコを軟らかく

いったん冷凍にかけてから解凍。掃除ししてから切り分け、再度冷凍する。この二度の冷凍で繊維が壊れ、食べやすい歯応えになる。

ウーロン茶を入れて茹でることで臭みが抜け、さっぱりとする。金串がすっと通るくらいの軟らかさで引き上げ、ザルに上げておく。茹で時間の目安は40分。

タコの旨味と歯応え、香ばしさに、発酵の複雑味あふれるリゾットが絶妙にマッチする

タコのグリル お米と蓮根、大麦のンドゥイヤリゾット

「リクエストが多く、定番化せざるを得なかった」同店の看板メニュー。二度冷凍して繊維を壊したタコのやわらかさ、ンドゥイヤソーセージを溶かし込んだリゾットの旨味深さにお客は魅了される。

オーナーシェフの布山純志氏の作る料理は、ビストロの枠にとどまらず、自由でユニーク。現在、定番メニューとなっている「タコのグリル　お米と蓮根、大麦のンドゥイヤリゾット」も即興的に生まれたメニューだ。「あるもので何かパパっと作ってよ」という常連客のリクエストがはじまり。スープ・ド・ポワソンにンドゥイヤソーセージを溶け込ませてリゾットにし、別メニューで用意していたタコのグリルを上にのせた。

その時食べたリゾットの味が忘れられないという、お客からの要望に応えてメニュー化。徐々に注文が増えていき、定番メニューとして定着した。今では、誰もが知る同店のスペシャリテになっている。リゾットの上にのせたタコの存在感。見た目にも記憶に残る印象深い皿だ。

メイン食材のタコのグリルは、香ばしくカリッとした食感と、その先に絶妙な弾力がある。この適度な弾力で食べやすい歯応えを作り出すため、布山シェフは二度冷凍にかけるという手法をとる。冷凍してから解凍し、さらに冷凍にかけて解凍することでタコの繊維が壊れ、軟らかく茹で上がるという。

タコの食感、香りを活かすための仕込みの技

最初の冷凍は、仕入れた状態のまま冷凍庫へ。完全に凍らせてから流水解凍する。ここでクチバシや内臓を取り、使いやすいよう足を4本ずつ、頭を2つに切り、ポーションごとに分けて冷凍しておく。そして、その日使う分を流水解凍する。

茹でる際にはウーロン茶を使用。水から茹でて茹でこぼし、ヌメリをしっかり洗い流してから、ウーロン茶と塩を加えて弱火で40分ほどかけて茹でる。ウーロン茶を加えることで、深い赤色に仕上がり、さっぱりと臭みも抜けてタコ本来の味を

「またあの味が食べたい」というお客様の声から生まれたスペシャリテです。

引き出せるのだという。

一方のリゾットも独特だ。カツオ節や味噌や醤油など、発酵食品のような複雑な旨味があり、日本人にとってなじみのある和の〝だし〟感が、「またあの味が食べたい」とお客の脳にしっかり刻まれ、次回へとつながっていく。この〝だし〟感は、魚のアラやエビの頭でとるスープ・ド・ポワソンに、ペースト状の発酵ソーセージ・ンドゥイヤを加えることで生まれる。

ンドゥイヤソーセージは、イタリアのカンブリア州特産のソーセージで、唐辛子と脂身の多い豚肉、塩を練り混ぜてケーシングに詰め、発酵・熟成させたもの。辛味や塩味だけでなく、発酵・熟成を経て生まれる独特のコクや旨味がある。

リゾットに蓮根と大麦を加え、食感のアクセントに

さらに、リゾットに加えるシャキシャキ、ザクザクとした蓮根、プリプリ、モチモチとした大麦（ファッロ）を加え、リゾットにも存在感を持たせた。注文までの時間を短縮するため、蓮根、大麦は茹でておき、米もあらかじめ火を入れてリゾットベースを作っておく。ベースはオリーブオイルで米と刻んだ玉ネギを炒め、水を3回継ぎ足しながら、3～4割程度まで火を入れたもの。

注文が入ったら、スープ・ド・ポワソンにリゾットベース、蓮根、大麦を入れ、ンドゥイヤソーセージを適量溶かし込む。これを煮詰めていく。並行してタコをグリルする。ヒマワリオイルを熱したフライパンで表面をしっかり焼き、カリッとさせてからオーブンで温めておく。

リゾットが煮詰まったら皿に盛り、タコのグリルをのせ、刻んだパセリをかけて完成する。タコの足をカットせずに盛り付ける見た目のインパクトでも、しっかりとお客の記憶に刻み付ける。

有名ビストロがひしめく中目黒の裏通りにひっそり。ビストロの料理とは一線を画すビストロノミーの料理で、フレンチ好きの大人客に支持される。

La gueule de bois
住所／東京都目黒区東山1-8-6
営業時間／17：00～24：00、
土・日・祝日15：00～24：00
定休日／水曜日、第4火曜日
規模／10坪・18席
客単価／1万円

南仏の色彩感あるサンマの
バロティーヌを看板商品に

東京・目白 Brasserie La・mujica

目白の秋刀魚 2480円

目黒のサンマならぬ、目白のサンマ。ウィットに富んだネーミングで、秋の看板メニューとして周知され、季節になるとこの一品を求めて予約が入る。サンマを一尾丸々使い、メカジキのファルスを包み込み、香ばしく焼き上げる。コロンとしたフォルムにトマトソースの赤、バジルピューレの緑と、見た目にも鮮やかな一品だ。

サンマ一尾で巻き上げる

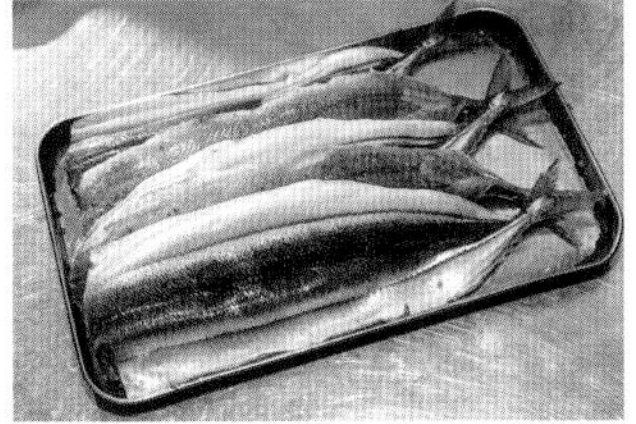

サンマは気仙沼はじめ、主に三陸で水揚げされるものを使用。例年、身が大きく脂がのってくる9月末頃からオンメニューする。身を開き、塩、胡椒でマリネし、クセや臭みを取る。

塩、白胡椒で下味をつけ、尾を立てるような形でファルスを巻き込み、上に香草パン粉をふり、食感にアクセントをつけて焼き上げる。

なめらかなすり身にナッツとドライフルーツで変化を

なめらかなすり身状にしたメカジキに、レーズンとドライイチジク、ナッツ類を混ぜ合わせる。ドライフルーツはパスティスでマリネすることで、サンマとの相性がより高まる。

気仙沼産のメカジキを産地から直接仕入れ、マリネした後、燻製にかけて香りよく。これをなめらかなすり身にする。

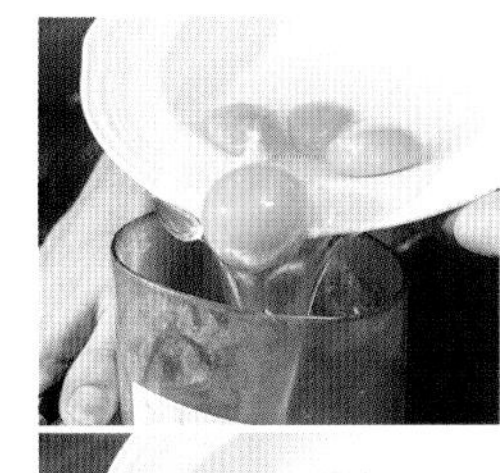

つなぎに卵、パン粉、オイルを加える。生地にオイルを加えることでリッチななめらかさが生まれる。オリーブオイルだけでは香りが強くなりすぎるのでグレープシードオイルをブレンド。

サンマに包まれたファルスのナッツやレーズン。次々に現れる食感や味わいで多彩に楽しませる

目白の秋刀魚　2480円

サンマに脂がのって身が太ってくる頃から登場する季節メニュー。存在感のあるビジュアルだけでなく、しっかり作り込んだファルスとサンマの一体感、爽やかなトマトソースにバジルの香り。その完成度の高さで、同店の秋のスペシャリテとなっている。

食材の持つ背景やストーリー性が、お客の心に響き、特別な料理になっていく。『Brasserie La・mujica』の秋のスペシャリテ「目白の秋刀魚」もそういった料理の一つだ。「目白の名物料理を作りたい」とJR目白駅から徒歩1分という立地から、オーナーシェフの梶村良仁氏が、2008年のオープン以来、毎年少しずつ形を変える工夫をしながら作り続けてきた。

現在では、サンマのシーズンがやってくると、毎年食べている常連客からは「いつから始まるの？」と声がかかり、オンメニューすると、そのしゃれっ気のあるネーミングで興味を引き、初めてやってきたお客もつい注文してしまう人気メニューになっている。多い日には1日40食以上を売る名実ともに、〝目白の名物〟として定着した。

「目白の秋刀魚」のメニュー名の元ネタは落語の「目黒のさんま」。目黒を目白に置きかえて、シェフの梶村氏が命名したものだが、正式には「サンマとメカジキのバロティーヌ」だ。バロティーヌは、広げた肉や魚でファルス（詰め物）を包み込む料理のこと。サンマを使うのは、シェフが修業した南仏で食べた家庭料理にヒントがある。地中海沿岸ではイワシがよく獲れ、このイワシと固くなったパンを重ね焼きにする料理があった。自店で出すならサンマを主役にしたい。さらにフレンチの格を持たせるため、中のファルスを工夫した。

クセのないメカジキのファルスでサンマの個性を際立たせる

「魚と魚という発想の面白さはあっても、出来上がった料理に一体感がないと料理として成立しないんです。その点、メカジキはクセがなく、サンマの味とも喧嘩しない」と梶村シェフ。

メカジキは、気仙沼の加工業者から直接仕入れている。「ファルスに脂は必要ない」と、脂の少

目白の名物料理にしたいと作り続けてきた〝目白の秋刀魚〟です。

ない背側に限定し、店の冷凍庫に保管しやすいよう小分けのブロックにして送ってもらう。そうした細かな注文にも応じてくれるのも、長年のつながりがあればこそのことだろう。

仕込みに応じて解凍し、塩、胡椒でマリネしたのち、桜のチップで燻製してからフードプロセッサーですり身にする。薫香をつけることで、メカジキ自体の風味を高め、卵とパン粉を加えてつなぐ。さらにオイルを加えることで、火が入ってもしっとりとパサつかないよう工夫した。オイルは軽さと香りのバランスを考慮し、オリーブオイルとグレープシードオイルを同割でブレンド。

ここにレーズンとドライイチジク、アーモンド、クルミ、ケッパーを加える。香りや食感の異なる素材を組み合わせることで、口に入れた時に様々な味わいを楽しませるためだ。ドライフルーツの濃厚な甘味はパスティスでマリネすることで、青魚特有のクセともうまくなじむのだという。アーモンドとクルミは香ばしくローストし、口の中ではっきりわかる程度の大きさに粗く刻み、存在感を出す。すり身のなめらかな食感に、ところどころあたるナッツの歯当たりがアクセントになる。

一方のサンマは、鮮度が落ちないよう温度管理をしながら下処理をし、身を開いて塩、白胡椒で軽くマリネするのみ。そのため、新鮮な生のサンマが安定して仕入れられる時期にのみ提供する限定メニューとなっている。

仕込みの段階で開いたサンマでファルスを包み込み、上に香草パン粉とオリーブオイルを振りかけておく。注文が入ったら、これを２２０℃のやや高めに設定したオーブンへ。12〜14分かけてこんがりと焼き上げる。ニンニク、パセリの風味のきいた香草パン粉のサクッとした香ばしさもいいアクセントになるため、必須だ。

ソースは「トマトの酸味と旨味が全体をまとめてくれる」と青魚と相性のよいトマトソースに。皿の上に丸く流し、中心にコロンとしたフォルムの焼き上げたサンマをのせ、周囲に香りと彩りのバジルのピューレを流す。赤と緑で目にも鮮やかなソースと形の面白さが目を引く、印象に残る一皿に仕上げている。

親しみやすい雰囲気で気取らずに本格フレンチを食べられると、赤ちゃん連れの家族客から年配客まで幅広い層に支持される。パーティー利用も多い。

Brasserie La・mujica
住所／東京都豊島区目白3-14-21
規模／25坪・40席
営業時間／11:30〜14:30、18:00〜21:00
定休日／月曜日（祝日の場合は翌日）

大阪スパイスカレーを牽引！
一日 70 食以上売る名物キーマ

大阪・北浜　Columbia8　北浜本店

キーマカレー　1000円

2008年5月に開業し、スパイスカレーブームを牽引してきた大阪の「コロンビア8（エイト）」。元DJの経験からスパイスの配合や味、香りを立体的に構築。さらに「対比効果」を利用し、甘・酸・辛・苦味を後から加えた複雑で華やかなカレーが支持されている。

「右手にスプーン、左手にししとう」を合言葉に

最後はオニオンのピクルスと素揚げしたしし唐辛子をのせ、グレープフルーツジュースと一緒に提供する。

「右手にスプーン、左手にししとう」が合言葉。「ししとうをかじって苦味を味わい、グレープフルーツで舌をリセットしてお楽しみください」と、提供時には、スタッフが丁寧に口頭でプレゼンテーションする。

トッピングで塩味を加えて印象に残す

ご飯に重ねるように、炒ってから粉砕したカシューナッツをまぶし、甘さと香ばしさを加える。運ばれた時に漂うロースト香もポイント。

茹でてからカットして塩漬けしたインゲン、通称「味爆弾」とレーズンをトッピング。彩りのよい緑色で通年手に入る素材としてインゲンを使った。噛み締めると塩気を含んだ汁がピュッと飛び出す食感もインパクト大。

ドライバジルはたっぷり全体にふる

「イタリアンで働いていた時、ご飯に乾燥バジルと塩をかけただけで美味しかった体験から」と荻野氏。器の中央に180g盛るご飯にバジルをふる。

ご飯の中央から鶏挽き肉のキーマカレーをよそうと、先にふりかけた乾燥バジルが皿の縁へ集まり、美しい見た目に。

「対比効果」から甘・酸・辛・苦味を加え、五味が次々と花開く、唯一無二の複雑な味に

キーマカレー

その味から「3Dカレー」とも評されるカレーは、三角錐を描くイメージで、スパイスの配合や味、香りを構築。食べる箇所で異なる香りや食感、塩味、甘み、辛味が次々と花開く。ハーブやスパイスが放射状に描かれ、トップにしし唐辛子がのるヴィジュアルも特徴だ。グレープフルーツジュース付き。

『コロンビア8』の「キーマカレー」は、丸麦を加えて炊いたご飯に乾燥バジルを振りかけ、キーマカレーを注いでカルダモンの粉末と炒って粉砕した香ばしいカシューナッツをまぶし、オニオンピクルスと素揚げしたしし唐辛子をトッピングしたもの。さらにカレーには茹でてからカットし、塩漬けにした三度豆とレーズンを散らし、塩味や甘酸っぱさを加える。またカレーのルウは「香りが十分にあるため、肉はあっさりしているものを」（店主・オギミ～ル☆氏）という考えから、鶏挽き肉を使用。白濁した鶏ガラスープと独自配合のスパイスを合わせて作ったサラサラタイプだ。

食べる箇所で香りや食感、甘み、塩気、香ばしさが次々と花開き、しし唐辛子はかじると心地い苦味がスパイスの風味を増幅。さらにカレーと一緒にグレープフルーツジュースを提供し、食べ進める途中で飲んでもらうことで甘酸っぱさがスパイスの表情を変え、〝味変〟できる趣向だ。

この複雑で飽きのこない味が評判となり、6坪・9席で、1日4升分のご飯（1食180g換算で約77食分）が売り切れるというから驚く。

表現手段として選んだカレー音楽に重ね、独自の味を開発

店主のオギミ～ル☆氏はカレー店開業を目指して多種多様な業態で6年間修行。その間、週末に行っていたのがクラブイベントでのDJだ。そこで練習としてカレーを販売した経験から、「スパイスにもDJミキサーのように、高音（ハイ）、中音（ミドル）、低音（ロー）、ボトムがあり、イコライジング（音質を調整する作業）が大切。通常、イコライジングは高音がトップで、ボトムが底辺の三角形を作るイメージで音を作るのですが、味や香りにもハイやローがあり、香りを三角形になるようイメージして作ったら自分らしい味にな

食べたら〝何コレ？〟と頭の中が混乱する忙しさを狙いました。

ると気づいた」という。

例えば、味の基本となるガーリックやジンジャー、シナモンは「ボトム」。「ロー」のローリエを「ミドル」のクミンでつなぎ、明るい香りをイメージさせるカルダモンは「ハイ」といったように、スパイスの香りや性質からイメージ分けし、重ね方を研究した。

甘酸辛苦が次々と花開く対比効果で立体的な味に

一方、飲食の修行をする中で知った「対比効果」から、おいしいとは何かを考えた際「おいしく感じてもらうための環境づくりが重要だと思った」と、〝スイカに塩〟というような対比効果を利用することに。すでに香りや味が完成しているルウに混ぜるのではなく、盛り付けてからレーズンや三度豆、しし唐辛子などをトッピングして口の中で交わって対比効果を生むことを狙った。そのため「右手にスプーン、左手にししとう。ししとうをかじって苦味を味わい、グレープフルーツで舌をリセットしてお楽しみください」といった口頭でのプレゼンテーションを大切にしている。

２０２３年現在ではＦＣ展開にも力を入れ、大阪に4店舗、東京や那覇にも出店をしている。またエスビー食品㈱と開発したレトルトカレーも全国で販売し、全国にファンを拡大し続けている。

花火（辛口キーマ）
1000円
炒った黒ゴマをたっぷり合わせ、強烈な辛さと香ばしさが迫る。こちらもグレープフルーツジュースが付く。「まずはキーマカレーを食べてほしい」と、「花火」は２回目以降の来店ですすめる。

「カレーは昼のファストフード」のイメージから、オフィス街で物件を探し、北浜エリアのビルの２階に。昼は行列が階段下まで続く。

Columbia8 北浜本店
住所／大阪府大阪市中央区道修町1-3-3
エビス道修町ビル2F
営業時間／11：00〜15：00
定休日／土曜日、日曜日、祝日
規模／6坪・9席
客単価／1000円
HP／http://columbia8.info

まるで目玉焼き!? SNSで話題沸騰 白く美しい ドーム型のキーマカレー

東京・北参道 MOKUBAZA

チーズキーマカレー（卵黄付き） 1280円

ドーム状に盛り付けたキーマカレーの上を、真っ白なモッツァレラチーズで覆い、中心には卵黄をトッピング。見た目のかわいらしさの一方、味わいはスパイスをしっかりときかせ、自家製ブイヨンと10数種類のスパイスなどで作り出す複雑な旨味と辛味の本格派。

巧い 目玉焼きのような見た目を工夫

電子レンジでモッツァレラチーズを50秒ほど温め、盛り付けたカレーの上にかける。チーズの固さはそのつど異なるため、牛乳を数滴加えて調整する。

仕上げに、卵黄を一個のせる。卵黄は、ランチ営業前にあらかじめ卵白と分けておく。

巧い 見た目にこだわりつつ、スピード提供

注文ごとに、仕込み置いたカレーをフライパンで温める。ピーク時は3台のコンロをフル稼働させ、5人前ずつ温める。

カレーを温めている間に、ご飯を盛り付ける。しゃもじを小刻みに動かしながら丸く均一な形に整える。

ご飯の上に温めたカレーをのせ、木ベラで表面を平らに整える。最後に、卵黄を落とすためのくぼみを中心につける。

時間をかけてベースから手作り

玉ネギ、ニンニク、生姜などを10時間以上じっくりと炒め、合挽き肉、ホールトマト、スパイス、ココナッツミルク、自家製ブイヨンなどを加えて煮込む。水分の少ないややドライな状態に仕上げている。

長年評判だったキーマカレーがSNS時代に合致し爆発的な人気に！

チーズキーマカレー（卵黄付き）

真っ白なドームから現れるキーマカレーにお客の歓声が沸く。油や小麦粉を一切使わず、炒め玉ネギやスパイス、ブイヨンやホールトマト、ココナッツミルクなどで作るキーマカレーの複雑な旨味と刺激的な辛さに、モッツアレラのミルキーさがよくマッチする。

昨今、飲食業を賑わせる「インスタ映え」メニュー。SNSでの拡散を狙って見た目を重視したメニューを開発する飲食店が増える中、昔から地道に作り続けてきたメニューが注目され、思わぬヒットを飛ばす例もある。

東京・北参道にある『MOKUBAZA（モクバザ）』は、夜はバー業態でありながら、ランチタイムに行列ができる人気店。来店客の9割が女性客で、その目当ては「チーズキーマカレー（卵黄付き）」1280円。白いチーズで覆われたドーム型のキーマカレーの上に、卵黄が一つ。まるで目玉焼きやパンケーキのような見た目がインパクト抜群だ。だが端正な見た目とは裏腹に、食べてみると複雑な旨みと刺激的な辛さ。スパイスの粒をじゃりっと感じる鮮烈な香りを、モッツァレラチーズのまろやかなコクが包み込む。卵黄を崩しながら食べると、さらに辛味が緩和され、マイルドな味わいに、ご飯もカレーもしっかりと量はあるが、オイリーさがないので胃にもたれず、また食べたくなるクセになる味わいだ。

ランチタイムは9品のカレーメニューを揃えるが、来店客の9割がチーズキーマカレーを注文し、ほとんどのお客が写真を撮ってSNSにアップ。9坪22席で、昼だけで平日70食、週末100食を売る繁盛ぶりだ。

バーのアテやシメとして開発　見た目と味わいの両方で評判に

店主の宮本英哲氏は、2004年、東京・原宿に『MOKUBAZA』を開業。フリーのグラフィックデザイナーを生業としながら、昼はデザイン事務所、夜はバーとして営業をスタートさせた。開業当初から看板メニューに据えたのが、お酒のアテやシメに食べられる、胃にもたれないカレー。スパイスなどを扱う食品会社の研究室に務めてい

バーで食べるのにふさわしい、胃にもたれないカレーをコンセプトに。〝日本一のキーマカレー〟を目指した。

たスタッフの協力を得て、本格的なキーマカレーの開発に着手した。カレーには肉から出る油以外は一切加えず、小麦粉、市販のカレールーやカレー粉、化学調味料などは一切不使用。挽き肉は、様々な部位を混ぜた独自の配合と挽き方を指定した、国産の牛肉と豚肉の合い挽き肉を仕入れている。玉ネギは、甘みの強いものを選び、北海道の農家と年間契約。10時間以上かけてじっくり炒め、10数種類のスパイス、5～6時間かけてとる自家製ブイヨン、ココナッツミルクなどを加えて煮込み、合計20時間ほどかけて完成する。

スパイスは、グリーンカルダモンを強めにきかせているのが特徴で、中の種子だけを直接加え、鮮烈な香りを生み出している。また米は、カレーの邪魔をしないクセのない味わいで、ほどよいコシのある食感を持つ山形産はえぬきを使用。精米したての状態で仕入れ、硬めに炊き上げている。

このこだわりのカレーが評判となり、常連客のアドバイスを受けてランチタイムもカレーを出すようになったのが店をオープンして約半年後。同じ頃、バリエーションの一つとして、チーズキーマカレーを提供するようになった。またペース配分を誤らず、最後までご飯とカレーを一緒においしく食べられるように、現在のようにドーム状に盛り付けることにしたのもこの頃だった。

さらに２０１４年に現在の場所に移転し、宮本氏も飲食店に専念。その後雑誌やテレビでの取材が殺到し、さらに昨今はＳＮＳでの拡散もあって、今日の大ブレイクに至っている。

焼きアボガド　キーマカレー　1430円

耐熱皿にご飯とキーマカレーを盛り、スライスしたアボカド、モッツァレラチーズをのせて焼成。焼き色がきれいにつくモッツァレラチーズを選んで使用。

MOKUBAZA

住所／東京都渋谷区神宮前2-28-12 1F
規模／9坪・22席
営業時間／水～土11:30～15:00（L.O.14:30）、
月～土18:00～22:00（L.O.21:30）
定休日／日曜日、月曜・火曜の祝日、年末年始、お盆
客単価／昼1300円、夜2500円

究極のシンプルさで作る
花のようなナスのオムレツ

東京・神楽坂　Alberini

ナスのオムレツ フィレンツェ風　1210円

ナスをターバンで巻いたようなユニークさに、オープン以来、スペシャリテとして人気を博してきたオムレツ。店を訪れた人のほとんどが最初に注文するという。その魅力は、見た目の華やかさばかりではない。卵の半熟の加減とソテーしたナスのとろけるような食感。他の野菜では実現しないこの一体感に驚きがある。味つけは塩のみというシンプルさだが、パルミジャーノ・レッジャーノのコク、レモンの酸味で卵の優しい甘さを引き出している。

レモンの酸味で卵臭さを消し、甘さを引き出す

黒胡椒、パルミジャーノ、イタリアンパセリで仕上げ、レモンを添える。「卵の甘さを引き出し、味を引き締めるのに欠かせない」のがレモンの酸味で、果汁を絞りかけてもらう。

季節を問わず、入手しやすいナスが主役。スライスし、オリーブオイルで両面に焼き色をつけ、やわらかく火を通す。ここまでを予約状況をみて仕込んでおく。

ナスをターバン状に卵で包み込む

注文が入ってから提供までは約1分。深さのあるテフロン加工の片手鍋を使う。ソテーしたナスを重ねて、周りに溶いた卵を流し込む。火が入ってきた部分をナスに巻きつけ、これを繰り返しながら層にし、ターバン状にまとめる。

材料はナスと卵のみ。食感を揃える火入れで生まれる一体感が身近な素材を特別なものにする

ナスのオムレツ フィレンツェ風

提供まで１分のスピード感も魅力。注文が入ったらナスを中心に置き、溶いた卵を流し込み、火を入れながら巻き込んでいく。スペシャリテとして周知され、最初の１品に注文される。

卵の魅力を伝える料理は数多あるが、『Alberini』ではターバン状に巻いたユニークな形のオムレツで、卵の多幸感あふれる黄色を華やかに見せる。

同店のオーナーシェフ・中村鉄平氏は調理師学校卒業後すぐにイタリア・トスカーナ州のフィレンツェへ。現地で13年料理人として働き、シェフとしての経験を積んできた。当時、現地の食堂でお気に入りの料理が、ターバンのような形のアーティチョークのオムレツだった。

提供まで1分。仕込みの技と素早い火入れで巻き上げる

そして、自身の店をオープンするにあたり、このオムレツを再現したいと試作を重ねた。日本では、アーティチョークは入手しづらく、価格も高い。ズッキーニやキノコなどでも試してみたが、年間問わず、仕入れもしやすいナスに着地する。火入れしたナスの果肉のやわらかさと卵のふんわり感が絶妙にマッチしたという。

もともとトスカーナ地方の料理は手をかけすぎず、素材の持ち味を活かしていく料理が多い。このオムレツもまた、素材感を大切に、シンプルに作ることが身上だ。「特別なことは何もないんです。材料は身近にある卵とナスのみ。味付けも塩だけですから」と中村氏。

ナスは鮮度のいい時季のものを使用する。各テーブルに必ず一つは出る人気メニューのため、あらかじめソテーしておくことも多い。食感を活かすため、厚めの斜め切りにし、オリーブオイルでソテーする。このとき、塩を軽くふり、ナスの水分を出しながら味を引き出しながら、果肉がやわらかくなるまで両面に焼き色をつけ、火を通す。

注文が入ったら、鍋にオリーブオイルを敷き、ソテーしたナスを5枚重ねて中心に置く。１皿に卵は2個。ここでの味付けも塩のみ。卵に塩を入

フィレンツェで食べたオムレツの味を日本の野菜で再現しました。

れてよく溶き混ぜ、ナスの周りに流し入れる。

このとき使う鍋はテフロン加工の片手鍋で、オムレツの仕上がりより2倍程度の大きさのものを使用。フライパンや小さい鍋などでも作っていたが、高さがあり、広い鍋のほうが形を取りやすく、この鍋に落ち着いたという。

卵を流し入れたら、ナスを中心にして固まりかけた卵を巻きつけていく。これを繰り返し、ターバン状にする。卵が固まりすぎないよう、鍋も動かして火のあたりを加減しながら、ウェーブの層を作るよう形よくまとめる。卵に火が入りすぎるとナスとなじまないので、ふんわりとした状態でまとめ上げるのがポイントで、すぐに皿に移す。

注文から提供までは約1分。最初の1品にふさわしいスピードメニューでもある。

レモンの酸味を加えることで、卵の優しい甘味が立ち上がる

仕上げに刻んだイタリアンパセリ、パルミジャーノ・レッジャーノ、黒胡椒をふり、EXV.オリーブオイルを回しかけ、香りやコクをプラス。さらに、レモンを添えて提供する。

「レモンはマストアイテムなんです。レモンの果汁をオムレツにかけてもらうことで、卵特有のクセがなくなり、甘さがぐっと立ってきます」

レモンの爽快な酸味や香りによって、オムレツの味が完成する。

ごくごくシンプルなオムレツだが、その形のユニークさ、ナスと卵の一体感、レモンで引き出す卵の味わいなど、ここにしかない個性が確かにある。トスカーナ料理を熟知した中村シェフだからこその素材の活かし方で、２０１３年オープン以来、店を代表するメニューとして名を馳せる。

神楽坂通りから地蔵坂へ入り、坂の途中にある店舗。落ち着いた雰囲気で街に溶け込み、周辺の大人客を集める。

Alberini
住所／東京都新宿区袋町2 杵屋ビル1F
営業時間／月～金17:30～23:00（L.O.22:00）、土・祝日17:30～22:00（L.O.21:00）
定休日／日曜日、不定休あり
規模／13坪・20席
客単価／7000～8000円

多幸感あふれる黄金色と、削り立てチーズのコク深さ

東京・恵比寿

IL BALLOND'ORO

黄金のリゾット

1980円

初めて来店したお客が必ず注文する「黄金のリゾット」。燦然とつややかに黄金色に輝くリゾットは、オーナーシェフの岩田正記氏がイタリアのミラノでの修業時代、最初に習った思い入れのある料理だという。サフランとチーズを使ったリゾットは、ごくシンプルだからこそ、パルミジャーノ・レッジャーノの風味やコクが移った米のおいしさが際立つ。

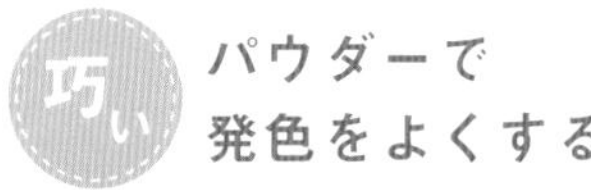

パウダーで発色をよくする

サフランパウダーを使うことで鮮やかな黄金色を作り出す。盛り付けもリゾットのみで色を際立たせる。

プレコットで提供時間を短く

米はイタリア米ではなく、新潟産のコシヒカリで日本人の好みに合わせた。オリーブオイルと玉ネギ、白ワインで炒め、半分程度火入れしておく。

削り立てのチーズで風味よく

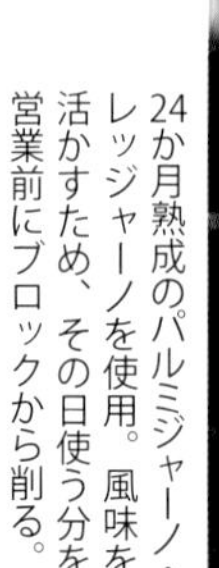

24か月熟成のパルミジャーノ・レッジャーノを使用。風味を活かすため、その日使う分を営業前にブロックから削る。

コシヒカリの粒立ちやもっちり感にチーズのコクや風味が合います。

シェフの岩田正記氏は、恵比寿のイタリアンの名店で19年働き、在籍中にイタリア全土を回り、研鑽を積んだ。初めて来店したお客が必ず注文するという「黄金のリゾット」も、その時代に、修業先のミラノで最初に習った料理だ。

そうした思い入れのある料理を自身の店を2018年にオープンするにあたり、メニュー化。とはいえ、当初は特に推していたメニューではなかった。それが燦然とつややかに、黄金色に輝く姿と、コクの深さに徐々にファンが付き、人気が高まっていったという。

溶け込みやすいサフランパウダーを使って鮮やかな色に仕上げる

「黄金のリゾット」の色はサフランの色を溶かし込んだもの。サフランとパルミジャーノ・レッジャーノを使ったリゾットは、ごくごくシンプルな仕立てだが、シンプルだからこそ、チーズの風味やコクが移った米のおいしさが際立つ。

米はイタリア米ではなく、新潟産のコシヒカリを使う。「日本米のほうが日本人に合っている」という先輩シェフの教えによるもの。もちろんアルデンテで仕上げるが、コシヒカリの粒立ちやもっちり感がチーズとよくマッチする。

これを玉ネギと一緒にオリーブオイルで炒め、白ワインを加え、ある程度火を入れておく。注文が入ったら、野菜と鶏のブイヨンを同割で合わせたブイヨンで炊いていく。このとき、ブイヨンにサフランパウダーを溶け込ませることで、鮮やかな黄金色が生まれる。味付けは塩のみ。バターとパルミジャーノ・レッジャーノを加えたら火を止め、手早く混ぜ合わせて完成する。

パルミジャーノ・レッジャーノは熟成が進みすぎるとヨーグルト感が出てくるため、24か月熟成のものを使い、これを削り立てで使うことで風味よく仕上げている。

イタリアのトラットリアをイメージした店内。バーカウンターとテーブル席でカジュアルな雰囲気のなかで、本格イタリアンを味わわせる。

IL BALLOND'ORO
住所／東京都渋谷区恵比寿1-24-10
アエリス恵比寿ビル1F
営業時間／17：00～24：00（L.O.23：00）
定休日／水曜日、第1・第3火曜日
規模／12.4坪・24席
客単価／8000～9000円

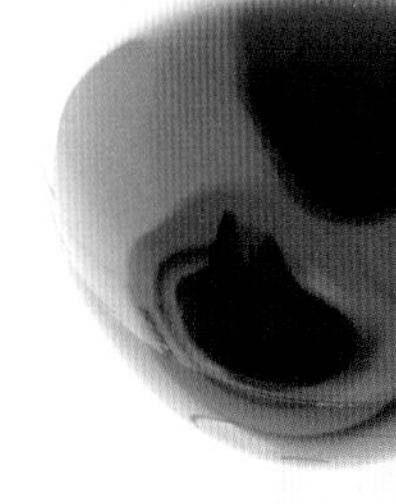

赤身肉の美しさと旨味を
衣に包み、最上の火入れで
キレのあるカツに

東京・東銀座　IBAIA

名物〝牛のヒレカツ〟

4500円

肉の本質を知り、そのポテンシャルを引き出す技術があればこそ、真の肉の名物料理が生み出される。『IBAIA』の「名物〝牛のヒレカツ〟」は、肉フレンチの名店で経験を積んだ深味雄二シェフの絶妙な火入れで赤身の旨さを堪能させる。

野菜×フォン・ド・ヴォーのソース

牧草牛のさっぱりとした旨味に合わせ、ソースにはたっぷりの野菜を使用。玉ネギ、人参、セロリ、ニンニク、マッシュルームを炒め、赤ワインやマデラ酒などを加えて煮詰めてから、フォン・ド・ヴォーで1時間かけて炊く。

レアの火入れで美しい肉色を出す

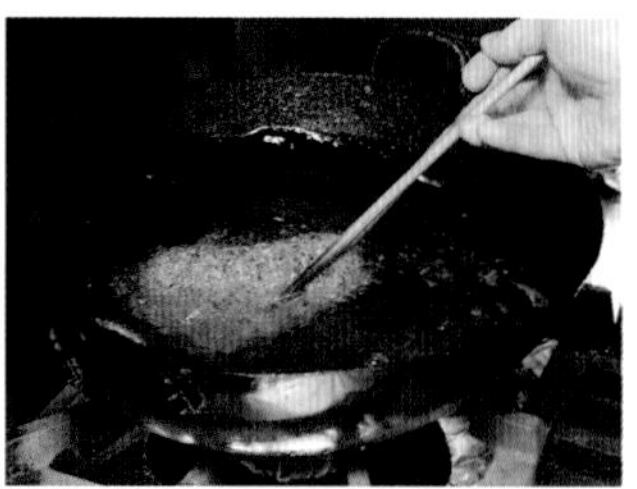

注文が入ってから肉を切り出し、ガス台の上などに置いて常温に戻す。これにより、約2分という短時間で揚げ上がる。

香草パン粉で風味のよい衣に

衣はパン粉にパセリとニンニクを混ぜたもの。揚げ上がりの香ばしさに香りが加わる。塩、黒胡椒で下味をつけ、粉を打って溶き卵をくぐらせてから薄く衣づけする。

お客様の声により、復活した〝ヒレカツ〟。シンプルを追求して育て上げた一皿です。

肉ビストロの先駆けというべき『マルディグラ』出身のオーナーソムリエールの兼安聡子氏とシェフの深味雄二氏がタッグを組み、2013年に『IBAIA』をオープン。オープン当初は肉も魚も平均的に出していたが、深味シェフが焼く肉のおいしさに「肉に特化したほうがいい」というお客の声が高まり、どんどんメニューをそぎ落とし、肉に比重を移していった。

肉の赤々しさが映える分厚い牛ヒレ肉をカツに

その中で生まれた一皿が「名物〝牛のヒレカツ〟」だ。そもそもヒレカツは、楽しく気取らない店にしたいという思いから、「何かお客の目を引くメニューを作りたい」というオーナーの兼安氏とシェフの深味氏の方向性が合致した料理。「薄切り肉ではジューシーさがなく物足りない。もっとレアで肉々しさのある料理にしたい」と2㎝以上の分厚さで揚げるヒレカツをメニュー化した。

使用するヒレ肉はオーストラリア産のグラスフェッドビーフをメインに使う。油で揚げるカツには、国産牛の脂はいらない。牧草で育てられ、肉質が素直な牧草牛が向くと考えるからだ。これを一皿200g～230gでカットする。肉の分厚さに驚くが、この厚みだからこそ、やわらかいヒレ肉の心地いい歯切れとジューシーさ、肉の旨味を存分に味わえる。

揚げ上がりに香ばしさを加味するため、衣にはパセリとニンニクを混ぜ、食感が重たくならないよう薄く衣づけし、約2分という短時間で揚げ切る。この時間で揚げ切るため、肉は常温に戻しておくことがポイントになる。この火入れにより、肉を切った時の断面は赤々しい。さらに、フォン・ド・ヴォーをベースに野菜たっぷりで作るソースにより、軽やかでキレのあるカツができあがる。

店は東銀座の裏路地の一角。繁華街の喧騒を離れ、大人客が落ち着いて食事やお酒を楽しめるシチュエーションが揃っている。

IBAIA
住所／東京都中央区銀座3-12-5
営業時間／17：00～21：30（L.O.）
定休日／月曜日
規模／15坪・17席
客単価／9000円
HP／http://www.ibaia-ginza.com/

サクフワの衣の食感と白さで
「どこにもない」と衝撃のとんかつ

東京・南阿佐ヶ谷　とんかつ 成蔵

特ロースかつ

〝白いとんかつ〟と評される、三谷成蔵氏が揚げる唯一無二のとんかつ。最大の特徴は、衣がふんわりとして、色が薄いこと。口の中に入れるとフワッとほどける軽さで、肉との一体感が魅力だ。「特ロースかつ」のほか、「ばらかつ」「リブロースかつ」「シャ豚ブリアンかつ」など６種類から選ぶ定食（２個5500円、３個6800円）スタイルで提供する。

※写真の一枚で揚げるかつは特別メニューで提供

旨い　豚の脂に合うゴマ油と岩塩で

おすすめの食べ方はゴマ油と塩の組み合わせ。とんかつの脂にゴマ油が合うと、メニュー表でもすすめる。

巧い　110℃の低温からゆっくり揚げる

110℃の低温から揚げ始める。肉はカットまでしておき、常温に戻さずに冷蔵した温度のまま衣をつけ油へ。徐々に温度が上がってきたら、150℃をキープして15分かけて揚げる。取り出したら５分おき、余熱で火を通す。

旨い　融点の高い腸間膜ラードを使用

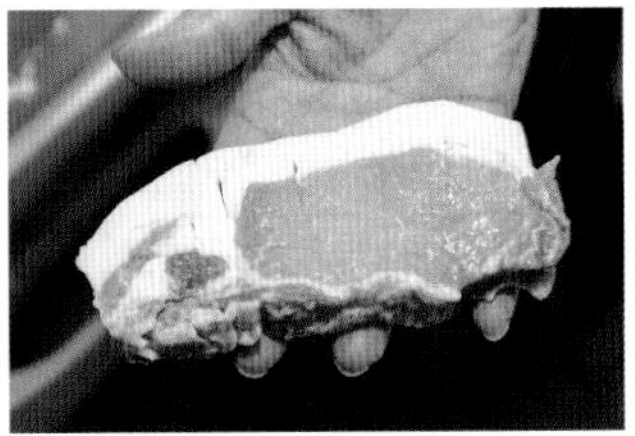

「特ロースかつ」には肉質がやわらかく、脂の甘い豚肉を使用。筋を切り、塩、白胡椒で下味をつける。

同店で使用する生パン粉は衣がかたくならないように糖度を少なめにし、粗挽きにしたものを特注する。一気に油を吸わないようにするため、しっとりと水分を多く含んでいる。

ラードは背脂よりも融点が高く、時間がたっても冷めにくい腸間膜のラードを使用。厚切り肉も余熱で火を通していくことができる。

豚肉の旨味を引き出すための衣とラードを選択し、低温でジューシーに揚げる

特ロースかつ（180g）定食　5500円

現在は、６種類から個数を選ぶスタイルだが、「特ロースかつ」をがっつり食べたいというお客の要望に応え、一枚で揚げるスタイルを特別メニューとして提供。

東京・高田馬場で1日180人を集客する大人気店を作り上げた三谷成蔵氏。「もっとゆったりとんかつに向き合いたい」と2019年7月に南阿佐ヶ谷の地で同店をオープンした。三谷氏の唯一無二のとんかつを求め、オープン間もなく行列をなす店となり、完全予約制に移行した。

とんかつは豚肉にパン粉をつけて揚げるだけのシンプルな料理だが、三谷氏の揚げるとんかつは、見た目からして違う。パン粉はふんわりと白く、口に入れるとほどけるような軽さ。上質な豚肉と衣が一体となり、肉の旨味や甘さもストレートに味わえる。

生パン粉を衣にし、豚肉を保湿しながら火を入れる

同店の特徴である衣の白さ、サクッフワッの食感は、衣のパン粉と揚げる温度により生まれる。パン粉には、パンの耳を使わず、中心のみを使う生パン粉を特注する。ドライのパン粉では、油に入れた瞬間、一気に油を吸ってしまうため、揚げ上がりが油っぽくなってしまう。水分を含んだ生パン粉を使うことで、揚げている間に衣が肉に密着し、肉を保湿しながらしっとりと揚げることができる。糖度が高いと衣の食感が硬くなってしまうため、できるだけ糖度を少なくした配合で作ってもらっている。

揚げ油に使うラードも特徴的だ。通常、背脂ラードを使う店が多いが、同店では腸間膜ラードを使用する。腸間膜ラードは背脂ラードより融点が高く、コクもあるうえ、冷めにくい。これを熱伝導率のよい銅鍋にたっぷりと、温度管理しやすいよう枚数を制限して揚げていく。最終的に揚げ上がりの見極めは衣の色を見るという。そのため、ラード自体に色がついてしまわないよう3回ほどで入れ替える。

とんかつの第一印象は衣です。パン粉が口の中で溶ける食感を目指しました。

揚げ始めの温度は110℃。高温では肉から衣がはがれたり、パン粉だけに火が入ってしまうからだ。揚げている間に徐々に温度が上がっていくが、150℃程度をキープする。低温で時間をかけて揚げることで、パン粉の水分が徐々に抜け、肉に衣が密着し、肉汁を逃がすことなく火が入っていく。揚げ時間の目安は約15分。さらに、ラードから取り出したあと5分おく。余熱も利用することで、揚げすぎを防ぎ、休ませている間に肉も落ち着く。

こうしたきめ細かな技により、「最初の口当たりはサクッと、口の中でフワッと溶けるジューシーなとんかつ」が完成する。カットした肉の断面は美しいピンク色で歯切れよく、口に入れると豚の旨味があふれだす。豚肉は肉質がやわらかく脂の甘い良質のものを厳選して使用。この上質な肉の味わいを揚げ方で存分に生かす。

現在、とんかつは「特ロースかつ」「シャ豚ブリアンかつ」「ばらかつ」「リブロースかつ」「ミルフィーユかつ」「チーズミルフィーユかつ」の6種類。ここから2個（5500円）、3個（6800円）と個数と種類を選んでもらう。前菜、自家製ピクルス、本日の小鉢、サラダ、ご飯、豚汁に、とんかつを1皿目、2皿目、3皿目と分けて出していくことで、揚げ立ての熱々を味わってもらうようにした。1個のg数は約90g。1種類だけでなく、違う種類も味わえるので、「せっかく成蔵に来たなら」というお客の心情にも寄り添っている。

シャ豚ブリアンかつ3個定食
6800円
ヒレのなかでも特にやわらかい中心部分を切り出したヒレカツ。カットした断面の美しいローズ色にお客も歓声を上げる。

南阿佐ヶ谷駅から徒歩6分。大通りから一本入った住宅街にあり、周辺に溶け込んだ外観はまさに隠れ家。店内も清潔感にあふれる。

とんかつ　成蔵
住所／東京都杉並区成田東4-33-9
営業時間／11：00〜14：00、17：30〜20：00
定休日／不定休
規模／15坪・14席
客単価／6000円

02

ここだけの価値を高める新発想メニュー

〈ヒットメニューの法則〉「ストーリー性」

食材に対する知識をお客が持ち、料理の背景にも興味が広がっているいま、それ以上の専門性が店にも料理人にも求められている。産地や生産者、製法、旬だけでなく、料理の歴史や成り立ちなどを深く知ることで、食材の取り合わせや調理法など新しい発想や思考を生む。さらには、ひと皿のストーリーも完成される。

根も茎も葉も。多彩な技巧で
サステナビリティを実現

東京・永田町　Nœud.TOKYO

ゴボウのデクリネゾン

食材を余すところなく使い切ること。折しもＳＤＧｓへの取り組みも浸透し、飲食店もその一端を担っているのは間違いない。2020年７月にオープンした『Noeud.TOKYO』は、「オール・サステナブル」がコンセプト。「ゴボウのデクリネゾン」は根、茎、葉を使い、植物の命そのものを表現する一皿だ。シェフの中塚直人氏が食材を突き詰めて生み出す新しい味わいに、お客は常に驚かされる。

根 ▶ ピューレ

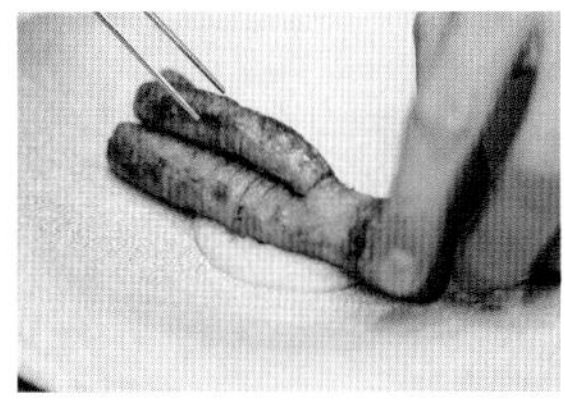

根の細い部分は茹でてアク抜きし、野菜のブイヨンと一緒にミキサーでなめらかにし、ピューレに。ローストしたゴボウの下に敷く。

根 ▶ 燻製ロースト

根の太い部分は形を活かしてカット。酢と小麦粉、塩で茹でてから燻製にかけ、ニンニクとタイムの香りを移したオイルでアロゼする。

ゴボウを根、茎、葉の要素で使い分ける

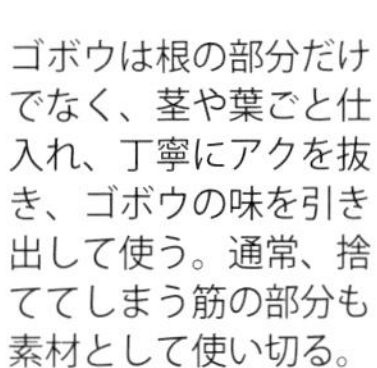

ゴボウは根の部分だけでなく、茎や葉ごと仕入れ、丁寧にアクを抜き、ゴボウの味を引き出して使う。通常、捨ててしまう筋の部分も素材として使い切る。

茎 ▶ 素揚げ

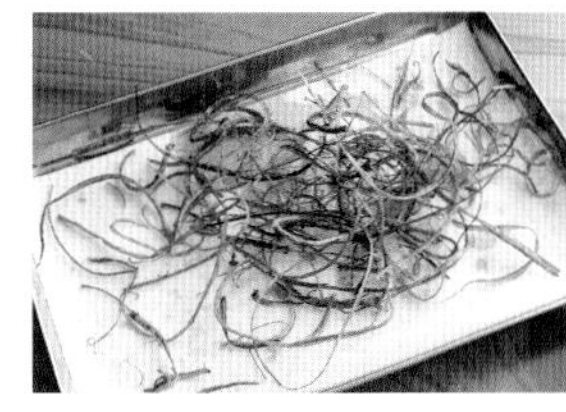

茎の筋は口に当たるため、細くむき取り、油で揚げる。素揚げにすることでサクッとした歯当たりが生まれる。

エキスを抽出し、オイルや泡に活用

葉の青々しさを活かし、茹でて色止めしてからペーストにし、エキスを取り出す。これをオイルに溶かし込んだ〝ゴボウオイル〟をソースに活用。エキスは〝ゴボウの泡〟にもする。

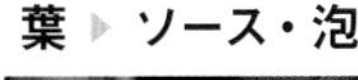

葉 ▶ ソース・泡

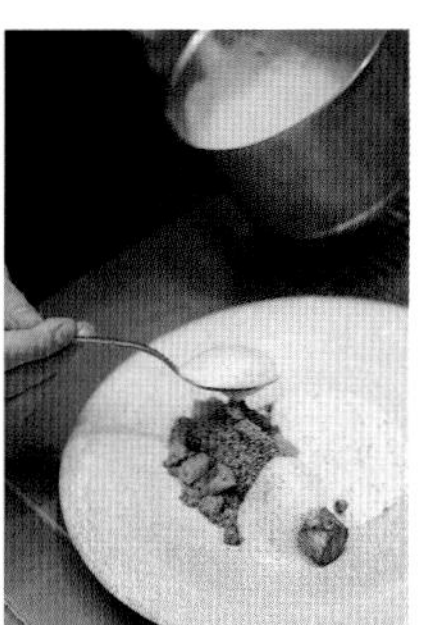

茎 ▶ パウダー・酢漬け

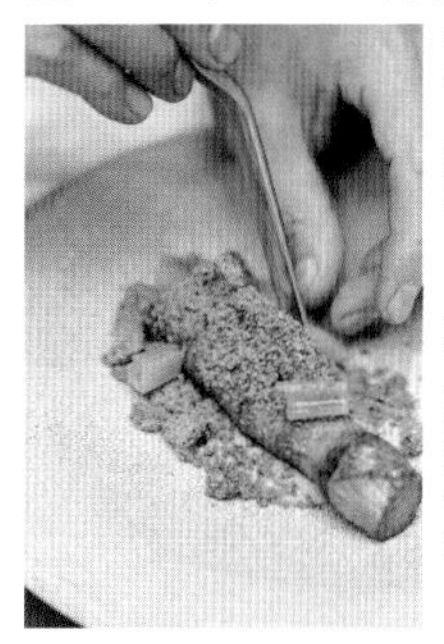

通常、ほとんど目にすることのないゴボウの茎。茹でてアク抜きし、ビネガーに漬けてからアクセントに散らす。細すぎる部分は乾燥させてパウダー状にし、〝土〟に見立てる。

ストーリー性のある料理と再生可能な素材を使った空間で、お客の五感に響くサステナブル体験を

ゴボウのデクリネゾン

火入れ後に燻製、ローストと、工程を重ねたゴボウの根に、ゴボウの葉を使ったソースや泡、細かく刻んだ茎や筋をアクセントに。一皿の上に食材のエネルギーが満ちる。

『Noeud.TOKYO』ではメニュー表を置かず、お客はＱＲコードを読み取って、その日のコースの食材と産地のみを知る。ペーパーレスを意識しているのはもちろん、料理の内容は、その日入ってくる食材の状態によって調理法も変わってくるからだ。ディナーメニューはおすすめのコース（1万5730円）のみ。「メインだから魚、肉という考えはないんです。生産者さんとのやり取りを通じてこの野菜が旬だから、この野菜を使っていこうとあくまでも野菜が主役で、コースを組み立てていく」とシェフの中塚直人氏。

まず、野菜ありき。中塚シェフは、無農薬であったり有機栽培であったりと安全性はもちろんのこと、自ら足を運んで生産者との関係をつむいだ、信頼する作り手から仕入れる。さらに、通常なら流通せず、捨てられてしまう部分も仕入れる。「茎と葉っぱはどこに行くんだろうと素朴に考えたのが始まりです。食べられるんだったら、何かできる」。撮影時のコースの一皿「ごぼう」も、根だけでなく、茎や葉も使い、様々な調理法で「ごぼう」を再構築する。パーツごとのごぼうのおいしさに加え、それらが一体となることで、土の香りが立ってくるような自然な「ごぼう」が立ち現れる。

存在感のある根の太い部分は、泥を落としたら、武骨な形をそのまま活かし、酢、小麦粉、塩を加えてゆっくりアクを抜いて茹で上げる。さらに燻製にかけてごぼうの香りにスモーキーさをプラス。これを提供前にニンニクとローズマリーの風味を移したオリーブオイルでアロゼし、表面を香ばしく仕上げる。

細い根の部分はアクを抜きながら茹でて、野菜のブイヨンと一緒に回してピューレに。茎はアクを抜いてグレッグに、むき取った茎の筋も素揚げにする。細すぎる茎はアクを抜いてから乾燥させ、細かく砕き、〝ごぼうの土〟になる。

葉の部分も茹でてペースト状にし、エキスを取

まだ何か使えるのではと、食材に向き合い続けることが大切です。

り出し、オリーブオイルに溶け込ませ、ごぼうの葉オイルに。これをソースや香りの泡に使っていく。ソースは、野菜のブイヨンにごぼうを加えたスープをベースにし、豆乳を加えてコクをクリーミーに作り、ごぼうの葉オイルを加える。

「素材を前にして、まだ何かできるんじゃないか。まだ使えるんじゃないか」と常に思考し、どうしても残ったものはコンポストで土に返していく。こうした野菜の皿には、味のベースになるブイヨンや生クリーム、バターなど動物性のものを一切使わず、野菜の滋味だけで身体にすっと溶け込む、優しい味わいを作り出す。

身体に優しく、地球に優しいを自然に体感できる空間に

野菜が主役ではあるが、コースの中で動物性のタンパク質もバランスよく取り合わせている。肉は牛肉を使わず、ジビエや無投薬、無ワクチンで育てられた豚肉、家禽を使用。撮影時は、放牧で自然に近い形で育てられた富山の氷見自然豚を炭火焼きローストにし、ピーマンと取り合わせた。

店舗はもともと長く営業してきた老舗フレンチがあった物件。内装工事の際にクロスをはがしたところ打ちっぱなしのコンクリートに木枠の木目がいい感じに現れたという。柱や梁はその当時のまま残した。エントランスから続く土壁は、京都西陣の古い蔵を解体した時のものを再生した。

サステナブルと聞くと背筋の伸びるような堅苦しさもあるが、同店では、しっかりとエンタメ性の中に落とし込み、おいしい料理と空間の中でお客に体感させている。

ヨーグルトとパプリカで漬け込んだ氷見自然豚のロースト　ピーマンの様々な調理法で

旬のピーマンを「いかにおいしく食べてもらうか」からの発想。ヨーグルトとパプリカでマリネした豚肉を炭火で燻しながら焼き上げ、ピーマンの苦みとの相性を高めた。ピーマンは青切りみかんと合わせて柚子胡椒風に、パイ包みのフィリングにと多彩に変化させていく。

一枚板の国産杉のカウンターに北海道のナラ材を使ったイス。壁は古い蔵を解体した時の「聚楽土」を使った土壁。柱や梁などむきだしのコンクリートも、あえて残している。

Nœud.TOKYO
住所／東京都千代田区平河町2-5-7 ヒルクレスト平河町B1F
営業時間／ランチ（金・土のみ営業）12：00～14：30（L.O.）、ディナー18：00～22：30（L.O.19：30）
定休日／日曜・月曜
客単価／ランチ1万5000円、ディナー2万5000円
HP／https://noeud.tagaya.co.jp/

和の椎茸に旨味を深く重ね、記憶に残る味を作り出す

東京・六本木　Restaurant **Ryuzu**

魚沼産八色椎茸のタルト ラルドの薄いヴェールで覆って

飯塚隆太シェフの出身地である新潟県産の肉厚の椎茸、八色椎茸を用いた評判の前菜。パイと茸を合わせた名店の料理をヒントに、身近な椎茸を主役にし、干し椎茸のパウダーを加えたヴィネグレットソースで酸味を、セルバチコのピュレで苦味を加え、味を引き締めている。

ラルドで脂のコクをプラス

ラルドは透き通る薄さにスライスし、イタリアンパセリをのせておく。

仕上げにごく薄くスライスしたラルドで覆う。デュクセルに加えたパンチェッタとともに、豚の脂を加えることで、椎茸には足りないコクを補う。熱い椎茸にラルドが自然に溶け込む。

旨い

干し椎茸を使ったデュクセル

香ばしく焼き上げた折り込みパイにパンチェッタ、マッシュルーム、戻した干し椎茸で作るデュクセルを広げ、椎茸を等間隔で並べる。パイの大きさは6㎝×7㎝。

旨い

故郷・新潟の八色(やいろ)椎茸を使用

八色椎茸は飯塚シェフの出身地、新潟・十日町からほど近い魚沼の特産。驚くほど肉厚でありながら食感がやわらかいのが特徴。

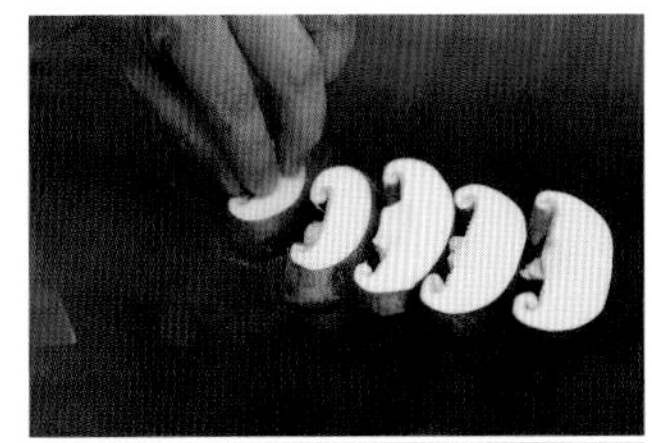

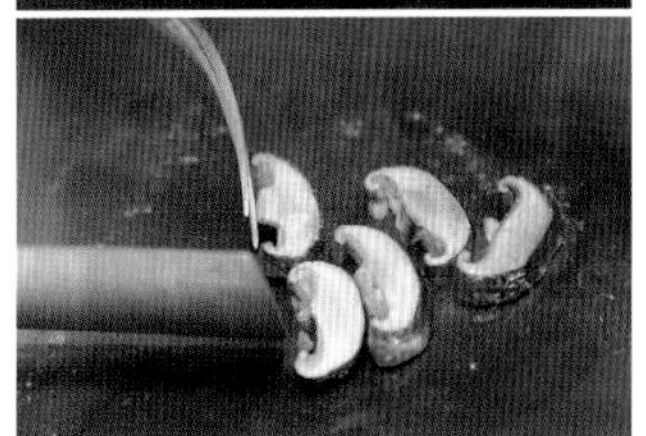

肉厚の椎茸は歯応えをしっかり感じられる1㎝厚にスライス。プランチャで溶かしバターをかけながら両面を香ばしくソテーし、やさしい椎茸の味わいを引き出す。

身近な国産素材のおいしさを際立たせ、料理にストーリー性と意外性を加味する

魚沼産八色椎茸のタルト
ラルドの薄いヴェールで覆って

独立前の『ラトリエ ドゥ ジョエル・ロブション』時代に完成したスペシャリテ。香ばしいタルトに旨味のつまったデュクセル、肉厚の椎茸を重ね、椎茸のおいしさを再確認させる一品に作り上げた。

2011年のオープン以来、ミシュランの星を獲得し続けるフランス料理店『レストラン リューズ』のスペシャリテとして知られる「魚沼産八色椎茸のタルト ラルドの薄いヴェールで覆って」。メイン食材は、日本人にとって身近な椎茸だ。

飯塚隆太シェフが使うのは、驚くほど肉厚な身が特徴の新潟県魚沼産八色椎茸。食べた人の記憶に残るスペシャリテとして、昼夜のコースやアラカルトでも提供する。

日本の身近な素材で作る旨味にあふれた椎茸のタルト

飯塚氏がこの料理を完成させたのは『ラトリエ ドゥ ジョエル・ロブション』でシェフを務めていた頃のこと。日々の営業で出る生ハムの切れ端を活用したいと考え、好相性のキノコと合わせようと考えた。さらにフランスの『ミッシェル・ブラス』で食べたセップ茸のタルトをヒントに。しかし、セップ茸といった輸入素材を使う場合、入荷が安定しないため、当時業者が持ち込んだ八色椎茸を使用。偶然にも出身県で作られた素材だったことから、料理にストーリー性をもたせることにもなり、「ワインのつまみにもなるし、食事の一皿としてもいい。身近な椎茸を使う意外性も喜ばれた」と飯塚シェフは話す。

土台のタルトはフイユタージュ（折り込みパイ）を用いて食感をもたせ、その上にはパンチェッタ、マッシュルーム、戻した干し椎茸を香ばしく炒めて味を深め、干し椎茸の戻し汁を加えて風味と旨味を深めたシャンピニオンデュクセルを敷く。主役の椎茸は注文が入ってからオープンキッチンの中央に位置するプランチャで、溶かしバターをまわしかけながら丹念に焼き上げ、バターの風味やコクだけをまとわせ、タルトの上に並べる。さらに薄いラルドで覆うと、熱い椎茸にラルドが密着

椎茸と相性のよい豚の脂で 旨味やコク、香りを深めます。

してしっとりし、まさにヴェールのように。ラルドの脂の旨味やコク、塩味を加える。

仕上げに流すソースは2種類。シェリーヴィネガーと赤ワインヴェネガー、ディジョンマスタードで酸味に奥行きをもたせた同店のヴィネグレットソースに、干し椎茸を粉末にしたものを戻して混ぜ込み、くるみ油でつないだ椎茸のヴィネグレットソースを。さらにセルバチコのピュレを流して野生的なほろ苦さを加え、全体を引き締める。

こうして様々なパーツが組み合わさったとき、椎茸よりも〝椎茸〟らしい皿ができあがった。

お客に求められる中で スペシャリテが生まれる

今では人気の同料理だが、実はオープン当初は出すことはなかったという。ロブション色を払拭して、もっと自分らしい違った料理を作っていきたいとの思いが強かったからだ。

「1年くらい経ってから、お客様から『椎茸の料理はないんですか?』と言われたのです」

ちょうどオープン当初の気負いもなくなり、自分らしい料理とは素材に真摯に向き合い、美味しい料理を作っていくことだとシンプルに考えられるようになっていた。さらにメニューから消そうとしたら、「この定番の料理があるから楽しみなんだ」というお客の声を聞いたという。

「スペシャリテとは、自分が気に入って作るものというのもありますが、日々作っていく中で、お客様からのリクエストがあり、お客様の中で認識されていくものではないでしょうか」

一方で、毎年メニュー化して好評を博す料理のように、アプローチを変えながら変化する料理もある。和素材に加えて和包丁や昆布出汁を使いこなすフレンチの料理人・飯塚シェフの料理は、その独自性とともに伝統と革新の両面性があるからこそ、お客を惹きつけてやまない。

上質な空間とぬくもりのあるサービスの中で、素材感を重視した飯塚シェフのフレンチが味わえる。

Restaurant Ryuzu
住所／東京都港区六本木4-2-35
VORT六本木Dual's B1F
営業時間／12：00～13：00（L.O.）、
18：00～20：00（L.O.）
定休日／月曜日（不定休あり）
規模／45坪・35席
客単価／昼1万2000円、夜3万円
HP／http://restaurant-ryuzu.com/

江戸前すしのように瞬間の旨さを表現する魚介タコス

東京・恵比寿　TACOS BAR

キンメダイのタコス

日本でタコスといえば、白いトルティーヤに牛肉や豚肉、野菜などをのせ、赤いサルサをかけて二つ折りにして食べるスタイルが一般的。『TACOS BAR』のタコスはそうしたストリートフードのようなイメージとはまったく違う。おまかせのコーススタイルで、まるで江戸前ずしのように、客前で一品一品供していく。しかも具材は魚介。目の前で焼き上げるブルーグレーのトルティーヤの上に、多彩な魚介の料理とサルサを展開し、タコスの可能性を広げている。

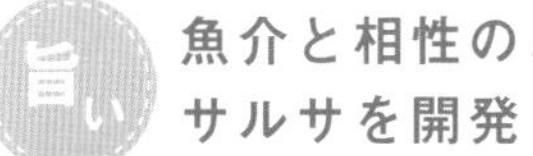

魚介と相性のよいサルサを開発

魚介に合わせてサルサも変化させていく。キンメダイに添えるサルサ・ヴェルデにはキンメダイから取っただしを加え、味を深める。

巧い　客前で焼き上げるトルティーヤ

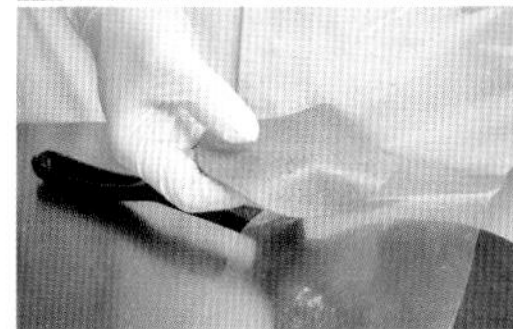

お客の食べ進むスピードを見ながら、握りずしのシャリのように生地を一枚分（18g）ずつ取っては焼いていく。

プレス器に挟んで生地をのばし、カウンターに設置された銅板で焼き上げる。焼きたてのモチっとした食感とブルーコーンの色味に驚くお客も多い。

メキシコ在来種のトウモロコシを使用

材料のトウモロコシは、遺伝子組み換えではないメキシコ在来種のブルーコーンの穀粒を使用。生地にする前に水と石灰で茹でて浸水させ、外皮をやわらかくする。

浸水させたトウモロコシを専用の粉砕機ですりつぶす。さらに水分を調整しながら手でこねあげて生地にまとめる。

メキシコ在来種のトウモロコシを使った青いトルティーヤで、魚介のおいしさを伝えていく

キンメダイのタコス

客前で焼かれるトルティーヤの上には塩焼きにしたキンメダイ。産地直送の鮮度感を味わってもらうため、シンプルな仕立てに。

オーナーシェフのマルコ・ガルシア氏はメキシコ出身。交換留学生として日本を訪れた時、日本の食文化や素材の持ち味を活かす繊細な料理に感銘を受けたという。すしや天ぷら、焼き鳥など、客前で調理し、素早く提供する専門店のスピード感など、日本で感じた食文化の違いは、自国の料理を深く掘り下げていくことにつながった。

焼き立てのトルティーヤに魚介をのせる新感覚のタコス

2011年には、メキシコ在来種のブルーコーンを使用したタコスの店『LOS TACOS AZULES』を地元メキシコ・モンテレイにオープン。ブルーコーンのトルティーヤの色の驚きと出来立てのおいしさで人気店となった。そして、2018年には東京・三軒茶屋に念願の日本初出店を果たす。さらに2022年には、魚介のおいしさをおまかせコース（1万5千円）で楽しませる『TACOS BAR』をオープンした。

トルティーヤの生地の材料となるトウモロコシにはメキシコ在来種を使用。ブルーコーンだけでなく、ホワイトコーン、イエローコーン、レッドコーンなど、それぞれ穀粒の特徴に合わせた生地を作っていく。メキシコで研究を重ねた伝統的な製法にのっとり、石灰と水でゆっくり茹でてから、ザルに上げて一晩寝かせてから電動の石臼（粉砕機）ですりつぶす。粉砕機はメキシコの専用マシンを使う。微妙な調整が必要なため、この工程はすべてシェフが行う。まとめた生地をさらに手捏ねし、均等に水分を行き渡らせる。生地がかたくなってしまうため、その日のうちに使い切る。

一方の主役である魚介は、静岡県焼津や長崎の信頼する鮮魚店から、その時季のものを直接送ってもらうもの。「日本で作るメキシコ料理だから、日本の食材を使うことが大前提」と魚介のみなら

海に囲まれた日本だからこそ、
魚介タコスで可能性を広げたい。

ず、野菜も積極的に生産者とのつながりを作ってきた。たとえば、焼津から直送されるキンメダイは、脂ののった身の旨味と皮目のおいしさを活かし、塩で〆て焼く塩焼きにする。「シンプルな調理のほうが魚のおいしさがストレートに伝わる」からだ。提供までの時間を見越し、ちょうどよく塩が回るよう塩をし、トルティーヤの焼き上がりとぴたりと時間を合わせて焼き上げる。

コースの最初には供される刺身のトスターダでは、魚を柑橘の香りでマリネしたり、ワカモレやサルサと合わせたりと、パリッと揚げたトルティーヤと相性を高めるためのひと手間を加える。冬場にはカキや白子をトルティーヤで包んで揚げるタコスなど、衣の中でふっくらと蒸される天ぷらのように仕上げた一品も挟まれる。

同店ではサルサペアリングも楽しませる。キンメダイのタコスのサルサにはキンメダイのだしを使用。ちなみにサルサに欠かせないトマティーヨ（食用ほおずき）も三重県のトマト農家に頼み、栽培してもらっている。シークワーサーとハラペーニョのサルサや、ローストしたパイナップルとハバネロのサルサと、シェフのインスプレーションで無限に広がるサルサの味わいの変化もまたコースの魅力になっている。

ブリのトスターダ

コースの序盤に登場する「刺身のトスターダ」。ブリは柚子風味のドレッシングでマリネし、間に自家製チポトレマヨネーズを挟むことで、カリッと揚げたトスターダとの一体感を楽しませる。

ホタルイカのチョリソー炒め

コースが進むにつれ、徐々に調理法と調味に変化をつけていく。ホタルイカを自家製チョリソーで炒め、唐辛子のセラーノと合わせたタコスは濃厚な旨味に辛味を利かせた一品。

毛ガニのタマレス

バナナの葉の包み蒸し・タマレスをコースの〆に提供。甲殻類のラードを加えた生地に黒小豆のペーストを重ね、毛ガニの身をのせて包む。豆の優しい味わいで、食事の最後に落ち着いてもらいたいと考えて選択した。

TACOS BAR

住所／東京都渋谷区恵比寿西2-7-1
スズキビル1F
営業時間／18：00～23：00（L.O.22：00）
定休日／日曜日、月曜日
規模／23坪・21席
客単価／2万円

店のロゴマークも魚介タコスを象徴するデザインになっている。

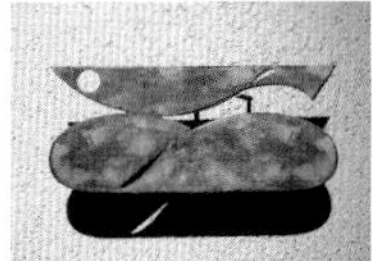

〝焼き煮込み〞の手法で旨味
凝縮の白いトリッパ煮込みに

東京・広尾　BOTTEGA

トリッパ、ギアラ、小腸の煮込み　2600円

イタリア料理のトリッパといえば、赤いトマト煮込みがポピュラーだが、『BOTTEGA』のトリッパは〝白い煮込み〟。しかも、トリッパ単体ではなく、ギアラ、小腸が加わったいわばホルモンミックスだ。食の中でも極めて好き嫌いがはっきり分かれる内臓肉だが、雑味なく旨味だけを凝縮していくシェフの技により、スペシャリテとして多くのお客に愛されている。

旨い　2種類のチーズをアクセントにする

皿の上にスカルノモルツァアフミカートを敷く。食べ進むにつれ、チーズの燻製香が立ち、味の変化も楽しめる。トッピングにはペコリーノロマーノを使用。

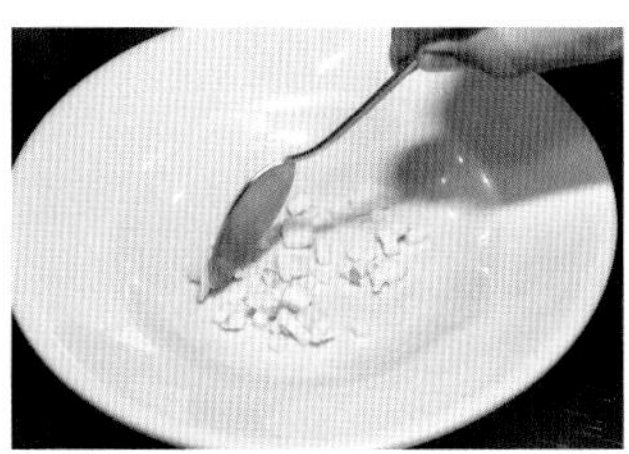

刻んだスカルモルツァの上に熱々の煮込みを盛る。食べているうちにチーズが溶け、スモーキーな香りが広がる。コクも加わり、また違った美味しさで楽しめる。

巧い　野菜の煮込みと小腸で食感をプラス

仕上げ時に加える野菜の煮込みは12～13種類の野菜を豚のだしで煮込んだもの。下茹でした小腸、イタリアンパセリ、黒胡椒も加えてなじませる。

旨い　トリッパ、ギアラ、小腸の３種を使用

信頼する芝浦の業者から仕入れる内臓肉。下茹ではトリッパとギアラで２時間半。小腸は茹ですぎると脂が抜けてしまうので、別鍋で仕込む。

オーブンで〝焼き煮込み〟する

トリッパとギアラは香味野菜と塩、黒胡椒を加えて下茹でする。この茹で汁も使用。香味野菜とハーブをオリーブオイルで炒めたところに白ワインを加え、アルコールを飛ばしてからトリッパとギアラ、茹で汁を加え、180℃のオーブンで約３時間焼き煮込みする。

ホルモンの茹で汁で焼き煮込みにする手法で雑味を飛ばし、純粋な旨味を素材に戻していく

トリッパ、ギアラ、小腸の煮込み
トスカーナの郷土料理、トリッパの白い煮込みを再現したいと開発。旨味の濃厚さ、味の多層さで人気を呼び、同店のスペシャリテとして定着した。

シェフの笹川尚平氏が店をオープンしたのは2017年。オープンにあたり、冬場の煮込み料理としてメニューに取り入れたのが、イタリアのトスカーナ州で出会い、ずっと記憶に残っていた白ワインで煮込むトリッパの料理だ。はじめて出会った白い煮込みの料理を自店で再現したいと、日本人になじみのあるギアラと小腸を加えてメニュー化した。現地ではトリッパのみ使うが、同店ではギアラや小腸を加えることで、ムニッとしたトリッパやギアラの食感、小腸の脂の甘さと、多彩な味わいを楽しませる。

通常、内臓肉の下処理には茹でこぼしの作業が欠かせないが、笹川シェフはこの茹で汁を煮込みのだしとして使う。

「煮込み料理は素材から出た味を煮込みながら素材に戻していく料理です。この茹で汁を捨てるのはもったいない」と笹川シェフ。

鮮度がよく、処理がきれいな内臓肉を仕入れることで、臭みがほとんど出ないという。トリッパとギアラの仕込み量は合わせて5kg。店でも丁寧に水洗いして、ヌメリや汚れを取り除いてから香味野菜と塩、黒胡椒を加えて約2時間半ほどアクを取りながら下茹でする。この茹で汁を煮込み用に取っておく。

小腸は一緒に下茹でするると、脂が抜けすぎてしまうので、別鍋で仕込み、1時間半から2時間下茹でする。これを煮込みの仕上げの段階で加えることで、プリプリとした小腸の食感と脂の甘さを活かす。それぞれの内臓肉の個性がもっとも生きる手法を駆使しながら、すべてが合わさったときの全体の一体感も計算している。

ホルモン煮込みに野菜の滋味とチーズのコクで味わいを深める

旨味のみを内臓肉に戻すために、シェフがとっ

旨味が溶け出した茹で汁をだしにすることで深いコクが生まれます。

ている煮込みの手法がオーブンでの焼き煮込みだ。ソトワ鍋にオリーブオイルとニンニクを入れ、香りを移してから刻んだ香味野菜を炒め、セージ、ローズマリー、ローリエを加えてなじませ、白ワインを入れてアルコールを飛ばす。

ここに下茹でしたトリッパとギアラ、茹で汁をたっぷり加えて鍋ごと180℃のオーブンで2時間半かけて煮込んでいく。このとき、フタをしないことがポイントで、熱で上がってきた雑味や余分な脂が蒸気と一緒に抜け、旨味だけが凝縮されていく。煮込んでいくうちに表面が焦げてくるので、何度か底から返すことで、香ばしい独特なコクが全体に行き渡り、味が深まっていく。

トリッパとギアラを煮込んだところへ野菜の煮込みも少量加えている。内臓肉の煮込みだけでは味が単調になってしまうため、野菜の食感や甘さ、旨味を加えることで、食べ味に変化を出したという。野菜は季節の野菜を12〜13種類使い、濃いめに取った金華豚のだしで2時間ほど煮込んだもの。さらに別に下茹でした小腸も加えることで、煮込みが完成する。

盛り付けは、皿にスモークされたスカモルツァアフミカートを敷き、この上に熱々の煮込みをのせる。熱でチーズが溶け、食べ進むとチーズのスモーキーな香りが立ち、チーズのミルキーなコクと相まってまた違ったおいしさを楽しんでもらう趣向だ。さらに仕上げに皿にふりかけるペコリーノロマーノの風味。異なる2種類のチーズで、贅沢な味わいを作り出す。

笹川シェフの料理は数値化されたレシピではなく、その日の素材や温度、湿度によっても変わっていく。冬場の煮込み料理の一品から、お客の支持により定番化したメニューであっても、下茹での時間も30分単位で変わってきた。その工程は日々最上を求めて進化していく。

BOTTEGA
住所／東京都渋谷区広尾5-17-8 アプリシエ広尾B1F
営業時間／17：00〜24：00（L.O.）
定休日／日曜日、不定休あり
規模／9坪・12席
客単価／1万5000円
HP／https://www.bottega-cucina.com/

広尾駅から徒歩5分。閑静な路地にあるビルの地下一階に店はある。落ち着いた雰囲気の店内では、カウンター越しにシェフの料理が間近に見られる。

Spice Tasting Menu スパイスを楽しむ7つの皿

1人前 5500円（税別）

ディナーは完全予約制で、月替わりのコース一本のみ。旬の食材を用いた内容で、前菜、メイン、カレー2品、ビリヤニ、デザートで構成。エスニック料理をベースにモダンなスタイルにアレンジ。素材の味わいを活かすため、スパイスの使用量は最低限にとどめる。

1

季節の野菜盛合せ 自家製パン

季節の食材やインド料理をアレンジした、5種を少量ずつ。取材時はカラスミパウダーをかけたシイタケや、豆粉を使った揚げ煎餅のなかに、スパイスマッシュポテトを入れ、ドライトマトのスープをかけて食べるパニプーリなど。

2

鰆包み焼き 揚げパン

魚をバナナの葉で包んで焼く、南インド料理「ミーンポリチャトゥ」をアレンジ。ヨーグルト、シナモン、クローブ、カルダモンなどで作るマサラスパイスを使う。旬魚の旨味を活かすためスパイスは最低限に。

3

バターチキン 薄焼きパン

バターチキンカレーを、メインに再構築。チキンはターメリックなどを混ぜたヨーグルトとともに焼き、生クリーム、トマトにシナモン、ブラックカルダモンなどを加えたソースと合わせる。

四季の旬食材で生み出す
新スタイルのスパイス料理

トマト

スターアニス、シナモン、カルダモンなどと一緒に煮たガムシロップにトマトを１日漬け、バジルとライムの香りづけをしたゼリーをかける。カレーを食べた後の口直しとして提案。

野菜ビリヤニ ピクルス

メインカレーは肉や魚介、サブカレーはメインの邪魔をしない野菜や豆のカレーを提供。一緒に食べるビリヤニは、複雑な旨みと香りを持つインディカ米を使うため、最小限のスパイスでご飯を炊く。

ショコラ

カカオ70％のチョコレートと卵、バターで焼く濃厚なケーキには、甘味のない生クリーム、オリーブオイル、オレンジピールを添える。粗挽きのコリアンダー、カルダモンなどでスパイスをダイレクトに味わう。

蛸と蓮根

メインのカレーは２種類。取材時のメインは、タコのカレーで、茹でダコのミンチを使用。サブカレーは、スリランカの豆カレー「パルップ」をアレンジし、レンコン餅を使った一風変わったカレー。

すべての料理にスパイスを使ったコース全7品
様々なジャンルの料理から学び、新潮流を生み出す

東京・押上駅より徒歩15分の閑静な住宅地にありながら、遠方からわざわざ足を運ぶお客が絶えない『スパイス カフェ』。店名が示す通り、スパイスを使った料理を提供する店である。

オーナーの伊藤一城氏は、脱サラ後、27歳で世界に旅立つ。約3年半で48か国を巡り、様々な土地と食文化に触れた。帰国後、都内のイタリアンなどで経験を積み、2003年11月に同店をオープン。当初は、スパイスカレーを中心に、スパイスを使ったアラカルト料理やカレーコースを提供。「当時はカレーという分かりやすい料理を通して、ご家庭でも作れるスパイス料理の提案をコンセプトにしていました」と伊藤氏。

同店のカレーは話題となり、伊藤氏もスパイス料理の普及に努めてきた。年に一度はインドに行き、食文化やスパイスについての知識を深めてきた伊藤氏だったが、「日本ならではの素材を料理に活かさないのはもったいない」と考えるようになり、スパイス料理の考え方を変えたという。

そこで2017年よりディナーを完全予約制にし、月替わりのコース一本に切り替えた。コースは旬の食材を使い、スパイスの新たな可能性を提案する全7品で構成。さらにワインペアリング、ノンアルコールペアリングも用意し、「スパイス×ワイン」という新しい食スタイルを確立した。

素材を活かすため スパイスは最低限に

料理は、インドやスリランカなどのエスニック料理をベースに、モダンスタイルにアレンジ。すべての料理にスパイスを使用するが、素材の味を活かすため、スパイスの使用量を最低限にとどめるのが現在のスタイルだ。

カレーは2種類を用意。メインには肉や魚介を、サブには豆や野菜のあっさりとしたカレーを用意

〈5月の献立〉
1 季節の野菜盛合せ　自家製パン
2 鰆包み焼き　揚げパン
3 バターチキン　薄焼きパン
4 野菜ビリヤニ ピクルス
5 蛸と蓮根
6 トマト
7 ショコラ

旬の素材を活かすためのスパイスの使い方を常に模索しています。

する。例えば5月の献立のメインは、タコのカレー。マスタードシード、唐辛子、カレーリーフを油で弾かせ香味油を作り、そこに玉ネギを加え飴色になるまで炒め、スパイス類とトマトを加えてマサラスパイスに。さらに茹でダコのミンチ、ココナッツミルクを入れて煮込んでいく。煮込んだルゥは一度濾し、仕上げにアユの魚醤で調味し完成だ。ルゥにタコを加えることで、タコのだしを加えるイメージ。さらに一度濾すことで雑味がとれ、すっきり洗練された味わいに。こうしたひと手間が、これまでにないカレーを生む。

サブカレーは、スリランカの豆カレー「バルップ」をアレンジしたもの。苦みのあるスパイス・ニゲラを加えたレンコン餅を加え、一風変わったカレーに仕上げた。

「いまは素材優先で、スパイスはなるべく多用しない方向で料理を考えています」と言う伊藤氏。国内外の料理人から、その進化が注目されている。

巧い スパイス香を引き出す

スパイスは数十種類をストックしているが、よく使うものは5～10種と限定。ホールスパイスはテンパリングで香りを高める。

ホールスパイスを油の中で加熱し、弾かせる〝テンパリング〟の手法などを用い、スパイスの香りを最大限に引き出す。

築50年の古民家を改装。昔からの梁を活かした懐かしい空間に、窓から見える四季折々の草花が癒しを与える。

spice cafe
住所／東京都墨田区文花1-6-10
営業時間／水～金 11:30～15:00（L.O.14:00）、水～日18:00～23:00（L.O.20:30）
定休日／月曜日、火曜日
規模／25坪・24席
客単価／昼1350円、夜8000円
HP／http://spicecafe.jp/

それぞれにおいしい要素を
皿の上でカレーに昇華する

東京・新橋 Curry and rice 幸正

ビーフ 1500円

「一つ一つ主張はあるけれど、全体でバランスが取れている。それがうちのカレーです」とオーナーシェフの横山義氏。牛テールベースのカレーソース、ライス、メインと3つのパーツははっきりと分かれている。どのパーツもそれぞれの旨さを追求しながら、皿の上で一体化するカレー。独自の個性に多くのカレー好きが集まる。

巧い 2色のライスで色合いも美しく

海鮮オイルを使ったターメリックライスとトマトピューレを使ったトマトライスをセルクルで2層に重ねる。ターメリックライスには柚子大根を刻み入れ、歯当たりのアクセントにする。

旨い パンチのある味で焼き上げる

トッピングの牛バラ肉は、固まりのまま赤ワインに一晩漬け込み、スライスしてから圧力鍋へ。注文ごとに甘辛い和風ダレで焼き上げる。

旨い 牛テール100%で旨味を抽出する

〈スープ〉

カレーソースのベースは国産牛のテール。じっくりと煮てスープを取る。野菜などを一切加えず、牛テールの旨味のみを抽出する。

〈スパイス〉

スパイスは香味油に溶け込ませてからスープと合わせる。香味油はブレンドオイルに玉ネギ、ニンニク、ショウガ、月桃（サンニン）を加えて風味と香りを付けたもの。

巧い ライス、肉をカレースープでまとめる

カレースープとライス、具の肉はそれぞれで食べてもおいしい。これを一皿にまとめることで、さらにおいしいカレーとして完成させている。

3層に分かれたソース、ライス、メインの肉を それぞれにおいしく。一体化してさらにおいしく

ビーフ（自家製ポテト＆ピクルス付き）
牛テールベースのコクの深いカレーソース、ターメリックとトマトの２色ライス、パンチのある牛バラのタレ焼き。一つ一つ完結した要素を一皿にまとめ、〝カレー〟として完結させる独創性で引き付ける。

カレーほどバリエーションが多彩に広がり続ける料理は他にないのではないだろうか。オリジナリティあふれるカレーの一角をなす、『Curry and rice 幸正』のカレーも、ここだけの独自性の強いカレーだ。店名の幸正は、オーナーシェフ・横山義氏の父親の名前。アメリカに留学していた父親が作っていたオックステールの煮込みにルーツがある。これがスパイスを加えたスープカレーに近い味わいだった。

だから、同店のカレーソースも、ベースは国産牛のテールスープ。時間をかけて牛テールを煮出し、白濁した旨味深いスープを取る。このとき、香味野菜も加えず、牛テールのみを煮出す。

このスープにスパイスを溶け込ませた香味油を加えてカレーソースを作る。香味油はオリーブオイルや牛脂に玉ネギやニンニク、ショウガ、月桃（サンニン）を加え、6時間かけて野菜の旨味や香りを移したもの。カレーソースは夏場は1日半、冬場は2〜3日寝かせて味を落ち着かせ、より深い味わいを作り出す。カレーソースに野菜を加えないのは、牛テールスープや香味油の味を最大限に活かすため。特にジャガイモを加えるとでんぷん質が勝ってしまい、カレーの味が負けてしまう。そのため、スープと香味油をつなぐ小麦粉も最小限にとどめている。

ライスは、ターメリックライスとトマトライスを2層にし、味わいと見た目に変化をつけた。ターメリックライスには、煮干しやカツオ節、ナッツ、香味野菜をオイルに加えて煮出した海鮮オイルを加えて炊き上げたもので、柚子大根を刻み入れたもの。魚のコクを加え、柚子大根のシャキシャキ感で歯当たりの変化をつけた。

トマトライスも、カレーとの相性のよいトマトをソースに入れない代わりにライスに加えることで、口に入れた時にトマトの酸味を感じさせるためだ。カレーの様子をパーツで盛り込むことで、

お客様が何年たっても思い出す、そんなカレーを作ろうと思いました。

一皿の上でカレーを再構築するイメージだ。

牛バラのタレ焼きをのせ、記憶に残るビジュアルを追求

カレーは「ビーフ」「ポーク」「ブリ」「プレーン」（ランチのみ）「チキン」（ディナーのみ）など7種類を用意する。一番人気は「ビーフ」で、ライスの上にタレで香ばしく焼いた厚切りの牛バラ肉をのせる。タレは醤油ベースの甘辛い和風味でショウガを利かせたもの。厚切りでもやわらかいのは、あらかじめ牛バラ肉を赤ワインとローズマリーに漬け込んでから、圧力鍋で炊いているため。固まりのまま圧力をかけると、カットしにくくなるため、カットしてから炊く。これだけで十分メインの料理として成立する。

「それぞれの食材のよさを引き出し、それぞれ主張があるけれど、全体ではバランスが取れている。それがうちのカレーです」。どの要素も素材が明確にわかる大胆さがありながら、食べるとカレーとしての一体感がある。そこに新味がある。

ブリ　1400円

「革新的なカレーを作りたい」とメニューに加えたのが「ブリ」。軽く塩とスパイスでマリネし、カレーソースとの相性を高め、魚醤を加えてソテーする。

ポーク　1400円

沖縄のラフテーのような豚の角煮をのせた「ポーク」。圧力鍋で炊き上げ、ホロホロと崩れる柔らかさに仕上げ、タレをからませて焼いてのせる。

新橋駅から徒歩6分強。駅前から離れた住宅街の一角にある。一見するとカレー屋には見えない雰囲気が同店のカレーに絶妙にマッチする。

Curry and rice 幸正

住所／東京都港区新橋5-8-13
営業時間／平日11：00〜15：00、17：30〜22：00（L.O. 30分前）、
土・祝日11：00〜15：00、17：30〜20：00（L.O. 30分前）
定休日／日曜日
規模／6坪・11席
客単価／1500円
HP／https://curry-yukimasa.gorp.jp/

ベトナム名物のフォーを
新潟県産米麺でアレンジ

東京・自由が丘 L'Atelier de Stand Bánh Mì

〝生〞米麺大山鶏冷やしフォー(200g) 1837円

「フォーをやるなら、現地で食べるような生麺でやりたかった」と、店主の白井瑛里氏は日本の米で作る生麺で〝もちもち〞〝つるつる〞の食感を実現した。2017年オープンの『Stand Banh Mi』では、スープのコク深さとあいまって「朝イチからフォーを食べたい」お客が来店するという。この食感をより味わえるのが、オリジナルの冷やしフォーだ。2022年には『L'Atelier de Stand Banh Mi』をオープン。米離れの進む日本で、米の需要掘り起こしにも貢献する。

大山鶏のガラで澄んだスープを取る

大山鶏のガラに有機野菜、スパイスを加えてじっくりと煮出す。ガラは手割りで、旨味を抽出しやすくしている。

新潟の米を使った生麺ののど越し

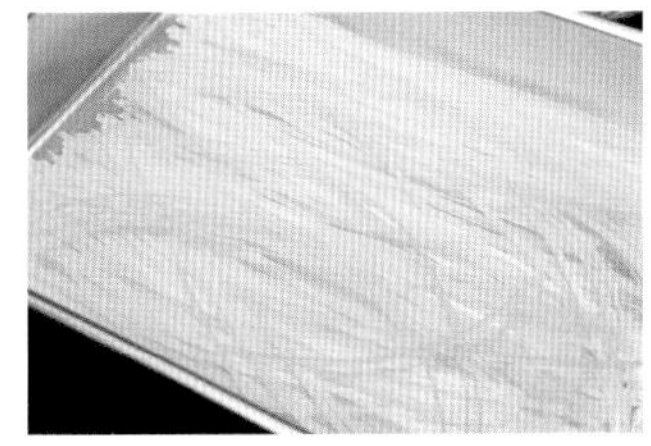

国産の生麺でフォーを作りたいと行き着いたのが新潟県上越市の製麺所。同店で使用するのは3㎜幅の米麺で約3分半茹でる。

巧い 卓上調味料で味に変化を

有機ニンニク、ライム果汁、レッドチリ、きび砂糖で作る自家製チリソースのほか、炒りゴマ、ヌクマムを卓上に常備する。

フォーに使用する器は現地の若手作家の手によるもの。手描きの絵付けは現地でも希少で、素朴でぬくもりのある風合いが魅力。

麺は氷水でしっかりしめ、水気を切って器へ。冷やしておいたスープをかけて具材を盛りつける。ヌクマムなどで調味したスープはさっぱりとした味わい。

華やかに盛る具の楽しさ

冷やしフォーの具材。焼きナス、揚げオクラ、ヌクナムで味付けした卵、大山鶏の蒸し鶏、スプラウト、トマト、大葉。夏野菜を中心に多彩に取り揃える。

滋味深い鶏だしの優しい味のスープで、毎日食べても食べ疲れしない日本のフォーに

〝生〞米麺大山鶏冷やしフォー（200g）
現地にはないフォーの冷やしバージョンは、生の米麺だからこそのもちもち感、つるつる感が味わえると、夏場の季節メニューとして人気。

アジアの料理には、何かしら人を元気にするエネルギーがあり、現地さながらの賑わいを見せている店も多い。ただ現地の味そのままでは、味が濃すぎたり、油が強すぎたり、不自然な化学調味料の旨味がマイナス要因になることもある。『L'Atelier de Stand Banh Mi』では、こうした〝過ぎる味〞を、毎日食べても食べ疲れしない、身体に優しい味わいで提供し、人気を博している。

同店の名物は、国産の米生麺を使ったフォーだ。使用する麺は日本有数の米の産地、新潟県上越市のもの。店主の白井瑛里氏は、グルテンフリーなどアレルギー用の米麺を扱う日本国内の製麺所を探し、新潟県上越市の製麺所に行き着いた。その製麺所を通し、米の生産者とのつながりも生まれた。「話してみると、お米の消費が減って農家をやめる人が増えていくなど、切実な思いを抱えていたんです」。そうした現状にも触れ、当初、メニューの中心は、店名にも冠しているバインミーだったが、フォーやスパイスカレーなど、米を使ったメニューへと自然にシフトしていったという。

オリジナルの〝冷やしフォー〞で生まれる「つるしこ」の食感

生米麺を使ったフォーの中でも、特に食感が際立つのは夏季限定の「〝生〞米麺大山鶏冷やしフォー」だ。ベトナムでは、冷やしで食べる文化はなく、同店のオリジナルメニューだ。茹で上げた麺を水でしめることで、つるつるとしたのど越しに、しこっとしたコシがより加わり、温かいフォーとは違った食感が楽しめる。夏の冷やしフォーを心待ちにするお客も多い。

こうした米麺の魅力を最大限に引き出すためのスープはフォン・ド・ヴォライユ（鶏のだし）がベース。すっと体になじんでいくようなスープは、大山鶏のガラと香味野菜、スパイスを合わせ、4

現地の画一的な味ではなく、体に負担のないフォーを目指しました。

時間半かけて煮出したもの。ガラは胴と首の部分を合わせたものを仕入れ、味を出しやすくするため手割りする。スパイスを加えるのは、スープの味に深みを出すため。「冷やしフォー」では、このスープに旨味を補うために、干しエビと干し貝柱のだしを加える。冷たく冷やすと、鶏のだしだけでは味がぼやけてしまうため、旨味を補う。

具材にはベトナムでポピュラーな野菜を主に使う。ナスは皮を黒こげにしてむいた焼きナスに。オクラはさっと素揚げにして化粧塩をふる。さらに、ヌクマムで味付けした半熟卵、大山鶏の蒸し鶏、レッドスプラウト、大葉、トマトを色鮮やかに盛り添える。大葉を使うのは、メニューの中で香りをパクチーに集中させないため。

スープの味は薄めの味加減で濃いめの味を好む人や味変したい人のために、卓上にはヌクマムと自家製ヌクチャム（スイートチリソース）、炒りゴマの3種類を用意している。自家製のヌクチャムは有機ニンニクとライム果汁、レッドチリ、きび砂糖をゴリゴリとすりつぶして作る。市販のスイートチリソースとは違った自然の味わいに、販売してほしいとお客からの要望もあるという。

レモングラス風味の自家製辛味オイル「サテ」を使った辛味フォーや、国産牛ほほ肉のシチューを使ったシチューフォーなどオリジナリティあふれるメニューも同店の魅力だ。

フーティユ　コー　1254円

ベトナム南部のソウルフード・フーティユをアレンジ。"コー"は汁なしという意味で、エビの発酵ダレベースのソースをかけ、全体を混ぜながら食べてもらう。

ホーリーバジルやコブミカンが生い茂るテラスから続く店内は、ナチュラル感と高い天井、雑貨でフレンチベトナミーズの情趣もある。

L'Atelier de Stand Bánh Mì

住所／東京都目黒区自由ケ丘1-3-2
営業時間／11：00〜15：00、18：00〜22：00
定休日／火曜日、第1・第3水曜日
規模／51坪・70席
客単価／昼2000円、夜5000円

フレンチシェフが創り出す 濃厚ビスクラーメンの深化

東京・神保町　ebimaru ramen

元祖海老丸らーめん　1298円

「他の人にはできないラーメンを」と店主の長坂将志氏が開発したのが、フレンチの手法に則ったビスクをベースにした濃厚スープを魅力にする「元祖海老丸らーめん」だ。オマールエビから取るビスクスープに、干し椎茸や魚の節、ニンニク、ショウガの旨味や香りを移した〝かえし〟で、食べた人の記憶に残る深い味わいを作る。

巧い　味変と〆のリゾットで飽きさせない

卓上に置かれる自家製ラー油は唐辛子、ショウガ、ニンニク、玉ネギなどに、同店の海老だしのスープに合うよう桜エビが入る。

濃厚なスープはチーズと相性抜群。リゾットにして食べてもらうよう白飯、卵黄、小エビを熱々の器に盛って提供する。お客が残ったスープをかけた後、スタッフがチーズを削りかける。

巧い　濃厚なスープを受け止める麺

「ヘビーなスープに負けない麺を」と製麺所と太さや加水率の調整を重ねた。国産小麦100%の香りのよい太麺で、茹で時間は５分半。

個性あふれるトッピング

低温調理の豚肩チャーシュー、味付け卵、サワークリームを塗るメルバトーストなど、ひとひねりしたトッピングも魅力にする。

旨い　コクと旨味のスープとかえし

〈スープ〉

ローストしたオマールエビと香味野菜を煮出し、煮詰めたトマトペースト、ブランデーなどを加える。これを裏漉しにかけ、スープに。

〈かえし〉

醤油やみりん、干し椎茸、ショウガなどを合わせて、３日間寝かせてから煮立し、旨味を抽出する。

オマールエビのビスクスープに旨味凝縮のかえしを合わせ、濃厚ラーメンスープに

元祖海老丸らーめん
濃厚なオマールエビの"ビスク"風スープに国産小麦100%の太麺。フレンチの技法を取り入れながら、旨味の深さと複雑味を追求して完成した看板メニューだ。

ラーメンの深化の方向性は様々だが、オマールエビの旨味に乾物の旨味を掛け合わせた濃厚スープで、『ebimaru ramen』は独自の道を行く。フレンチ出身の長坂将志氏が、ラーメン店をオープンするにあたって、選んだ食材がフレンチの食材としてなじみのあるオマールエビだった。店名にも冠するほど、スープの味を試行錯誤し、ここでしか味わえない「元祖海老丸らーめん」で人気を集めている。「元祖」といっても、そのスープは常に進化し、この先も変わっていく可能性がある。

当初、ビスクそのままでは旨味が単調だと、ビスクスープに鶏ガラスープを1割ほど加えていた。かえしも煮干しやサバ節、昆布などのだしで作るもののほか、カキやホタテなど貝のだしで作るものと2種類を用意していた。

しかし、現在のスープには鶏のだしを一切加えない。かえしも1種類に絞った。かえしは干し椎茸や魚の節、ニンニク、ショウガに調味料を合わせて寝かせ、旨味を存分に引き出してから煮出す。こうした旨味を抽出する工程を繰り返し、3日間かけて完成する。「旨味の集合体」ともいうべきかえしができあがったことで、スープに鶏の旨味が必要なくなったのだという。

スープありきの麺とトッピング、〆のリゾットも楽しませる

スープに使用するオマールエビの頭は、スープの仕込み量30ℓ（100杯分）に対し、11kg。1尾ずつ丁寧に砂袋を取り除き、特有のアンモニア臭が出ないようオーブンでじっくりローストしてから砕く。これを玉ネギ、ニンジン、セロリ、ショウガ、ニンニクを炒めたところに加え、黒胡椒、エストラゴンの酢漬けを加えて水から煮出していく。別鍋では、ニンニクをキツネ色になるまで炒め、トマトペースト、ブランデーを加えて煮詰め

フレンチのビスクをラーメンに。その味は常に変化しています。

ていく。ブランデーの量は4ℓ。煮詰めることでブランデーの香りやコクが凝縮され、ビスクの風味がぐっとよくなるという。これをオマール海老の鍋に入れ、さらに煮詰める。

オマールエビの頭をミソごと使ったスープは、コクも旨味も深い。ここに旨味のかたまりであるかえしを合わせることで、同店の濃厚なラーメンスープが完成する。

このスープの濃厚味に合わせ、麺は平打ちの多加水麺を使用。信頼する製麺所と調整を重ね、濃厚さを受け止める麺にしてもらった。スープがよくからみ、ボリューム感もある。

トッピングもまた個性的だ。チャーシューは飛騨旨豚を使い、低温調理でしっとりと火入れし、燻製して香りをつけたもの。サワークリームを塗ったメルバトーストでは、サワークリームで味変を楽しんでもらったり、スープにひたして食べてもらったりと、味わいの変化を楽しませる。さらに刻んだエシャロットやローストトマトなど、味わいの異なる具材を取り合わせた。

さらに、自慢のスープを余すところなく味わってもらいたいと、「〆のリゾット」583円を用意する。熱々の容器にご飯、卵黄、小エビを盛り、ここに残ったスープをかけてもらう。さらにスタッフがたっぷりとチーズを削りかけ、リゾットにする。

このビスクスープをベースに、牛乳を加えて作る「海老丸スタイル担々麺」1408円、生クリームを加える「海老丸カルボナーラ」1485円など創作ラーメンのほか、お客が心待ちにする季節の限定メニューもある。たとえば、「太刀魚の冷やしらーめん」は、フレンチのスープドポワソンのように、タチウオのアラでだしを取り、すっきりと酢を効かせたもの。

2022年4月には、こうしたレストラン寄りのラーメンに合わせ、店を改装。ブランディングをし直し、ラーメンの提供方法も変えた。ラーメンを注文すると、最初に季節の野菜を使ったムースやスープ、タルタルなど、レストランのようにアミューズが供される。既存のラーメン店にはないゆったりとした空間と時間でお客をもてなす。

ebimaru ramen
住所／東京都千代田区西神田2-1-13 十勝ビル1F
営業時間／平日11：30〜15：00（L.O.）、18：00〜22：00（L.O.）
土・日・祝日11：30〜20：00
定休日／不定休
規模／20坪・13席
客単価／2500円
HP／https://ebimaru.com/

野菜の美味しさと
栄養を体中に
届けるパワーサラダ

神奈川・元町　**kaoris**

kaorisセット　1日に必要な350gのお野菜が摂れるスピルリナサラダ　1980円

大胆にカットした根菜類や、手でちぎった葉もの類など、大胆にカットした野菜類を、ひと皿10～12種類使用したサラダ。ワサビドレッシングで調味し、別添えにした生のスピルリナ入りのシーザードレッシングで〝味変〟も可能。自家製パンと紅茶とのセットで提供。

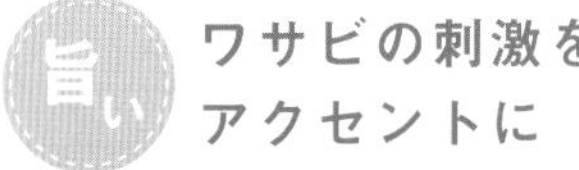

旨い　ワサビの刺激をアクセントに

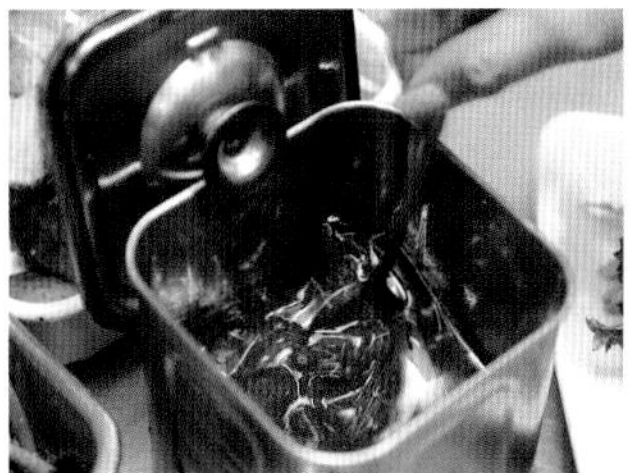

サラダのベースの味はワサビドレッシング。醤油とレモン、オリーブオイルのシンプルなドレッシングにワサビを利かせる。

デトックス効果があると注目されるキヌアも入る。ターメリックを入れて炊き上げ、サラダにふりかける。

旨い　生スピルリナでよりヘルシーに

野菜の10倍の栄養価を持つとされるスピルリナをドレッシングに。オーダーが入ってから解凍し、自家製マヨネーズベースのシーザードレッシングと合わせる。

巧い　大胆なカットで食感に変化を！

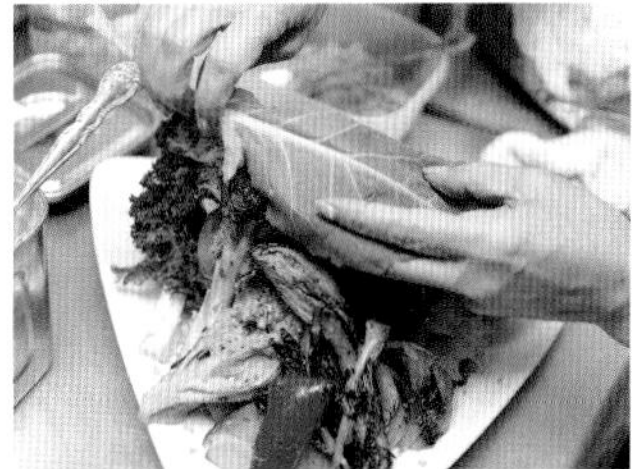

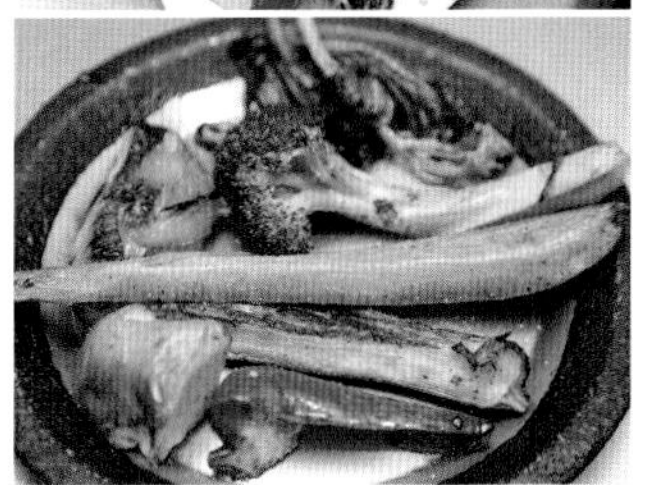

ブロッコリーや人参は茎ごと、ナスはヘタまで大きくカット。焦げ目がつくまでグリルし、香ばしく仕上げる。葉野菜のフレッシュ感との対比を楽しんでもらうためだ。

1食で〝350g分の野菜〟を摂取できる栄養面と、カット法や食感にこだわった味わいの両方で満足させる

kaorisセット
1日に必要な350gのお野菜が摂れるスピルリナサラダ　1980円
フレッシュな葉野菜とグリルした根菜などをワサビドレッシングと生スピルリナが入ったドレッシングで。デトックスサラダとして定期的に食べにくるお客も多い。

外食が日常的なものでなくなることを経験したいま、外で食べる1食1食がより大事な機会となり、〝意味のある食事〟をしたいと考える人が増えてきているのではないだろうか。

横浜・元町のカフェ『kaoris』の看板メニュー「一日に必要な350gのお野菜が摂れるスピルリナサラダ」は、野菜が足りない、健康的な食事をしたいというお客のニーズに応え、デトックス代わりに定期的に訪れるお客をつかんでいる。

野菜をおいしくするための〝仕掛け〟で価値を高める

オーナーのkaori氏が同メニューを開発したきっかけには、自身の病気があったという。元々ベジタリアンだった同氏だが、大病を経験し、改めて食の大切さを痛感。ベジタブル&フルーツマイスターの死角も取得し、栄養学の面からもメニューを見直した。「外食の在り方を考えた時に、野菜がしっかり摂れる店として、お客様の1食分の助けをしたいと考えたんです」。

そのメニューが、野菜をたっぷりと摂れる「スピルリナサラダ」だ。このサラダに、系列店『TOAST』で焼く自家製パンと紅茶を添え、「kaorisセット」として提供する。

野菜は季節ごとの葉野菜、根菜、果菜などを合わせてひと皿に10～12種類、約300gを盛り込む。契約農家から仕入れる有機栽培野菜や市場から仕入れる新鮮なもので、「誰が作ったかはっきり分かる」野菜を使用。グリーンリーフ、ベビーリーフ、ほうれん草などの葉野菜は、カット野菜は使わず毎日手でちぎり、鮮度感を大切にする。

根菜、果菜は、通常ではあまりしない大胆なカットで、ビジュアル面だけでなく、食感や味わいでもお客に驚きを与える。例えば、人参はヘタを残した状態で1本を縦にカット。ブロッコリーは

外食は１食分の手助けをする所。だからこそ意味のあるメニューを。

通常捨ててしまう固い茎の部分ごと大きくカットする。ナスもヘタを付けたまま、パプリカも種を取り除かずにそのまま使用する。

大きくカットした野菜は、塩とオリーブオイルで甘みを引き出しながらグリル板でしっかりと焼き目を付ける。香ばしい焼き目が味になり、表面にパリッとした食感が加わることで食べ応えも増すからだ。

グリル野菜はあらかじめ焼いておくが、注文が入ってから再度オーブンで温めるので、生の葉野菜のシャキッとした食感、冷たさとの温度差の対比も楽しめる。野菜の魅力を存分に感じさせる仕掛けを随所に施し、食べ飽きさせない。

さらに、ターメリックで炊いたキヌアを散りばめ、プチプチとした食感ヲプラス。ワサビドレッシングをかけ、ケールをのせてサラダが完成する。

メニュー名のスピルリナは、別添えのドレッシングに使用。スピルリナは、タンパク質やビタミン類、鉄分、クロロフィルなどを含んだ食品で、野菜の10倍の栄養素を含むともいわれる。これをひと皿のドレッシングに5g使用、サラダの野菜300gに加え、スピルリナの5gを野菜に換算して50gとし、「350g」とメニュー名に冠した。

スピルリナのドレッシングはマヨネーズから自家製で作るシーザードレッシングで、まろやかでコクのある味わい。爽快な味わいのワサビドレッシングとの味の対比や、〝味変〟も楽しめるように計算した。

メニューはシンプルでありながら、〝いまあるものをよそでやれない方法でやる〟のがkaoris流だ。カットの方法だけでも野菜に新しい食感、味が生まれるように、少しだけエッジをきかせたメニューづくりで、お客に感動を与えている。

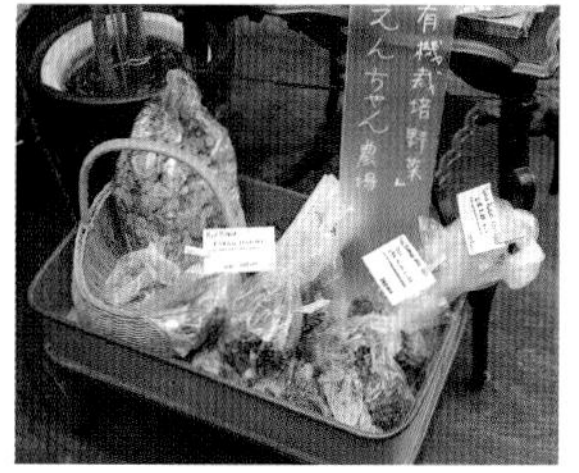

サラダにも使用している神奈川の有機野菜栽培農家「えんちゃん農園」の野菜も店内で販売する。ショップのみの利用も多い。

自家製のパンを独立させ、イギリススタイルのベーカリー『TOAST』を隣町の本牧にオープン。添加物を極力使用しない、軽さのあるパンの人気も高い。

kaoris
住所／神奈川県横浜市中区元町3-141-8 2F
営業時間／月～金11：00～18：00（L.O.17：30）、土・日・祝日11：00～20：30（L.O.20：00）
定休日／無休
規模／20坪・30席
客単価／2000円
HP／http://www.kaoris.com/

存在感のある具材でメインとなる
味噌汁を開発し、世界へ

東京・浅草 MISOJYU 浅草本店

ごろごろ野菜と角煮のすんごいとん汁 MISOJYUスペシャルセット 1680円

日本の伝統的な味噌汁の魅力を世界にも発信したいとオープンした味噌汁専門店『MISOJYU』。日常食であり、脇役的な味噌汁も具に魅力を持たせれば、メインとしての格を持たせられると、同店の総合ディレクター、エドワード・ヘイムス氏は大胆にアレンジしていく。豚バラ肉の角煮と大きくカットした野菜を具にした豚汁では見た目の迫力、ボリューム感で驚かされる。メインの味噌汁におにぎり１個の、季節の小鉢３種、煮玉子、昆布の佃煮が付くセットで、ヘルシーでバランスのいい食事を提供する。

生味噌３種類の配合で味に変化

全国各地の味噌の中から、現在は島根県の「やさかみそ」の甘口、中辛口、吟醸味噌に定着した。３種類を味噌汁の種類に合わせた割合で合わせて使う。

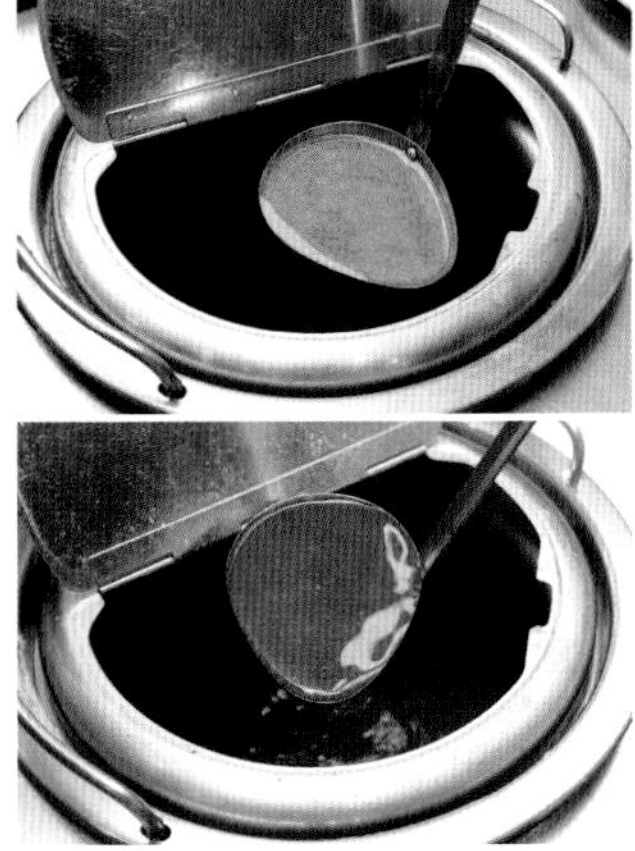

味噌汁のだしは真昆布と本枯節、荒節から引いた一番だしを使用。ここに、豚汁では豚の旨味やコクを加え、種類によっては鶏ガラや牛スネのフォンを合わせていく。

豚汁をベースに具の味を重ねる

注文が入ったら、大椀に豚汁で温めた野菜を汁ごと盛る。豚汁は一番だしをベースに豚こま切れ肉を加え、甘口と中辛口の味噌を合わせたもの。

豚の角煮は煮込んだ煮汁ごと加える。煮汁の味が豚汁に移り、旨味が深まり、中華のフレーバーが立ち上がる。

豚肉にも野菜にも味を含めて旨味深く

〈豚の角煮〉

豚バラ肉の塊を赤ワインやドライフルーツ、ハーブで煮込んで味を含めてから、表面に八角など中華のフレーバーの濃い煮汁で煮込んでいく。

〈野菜〉

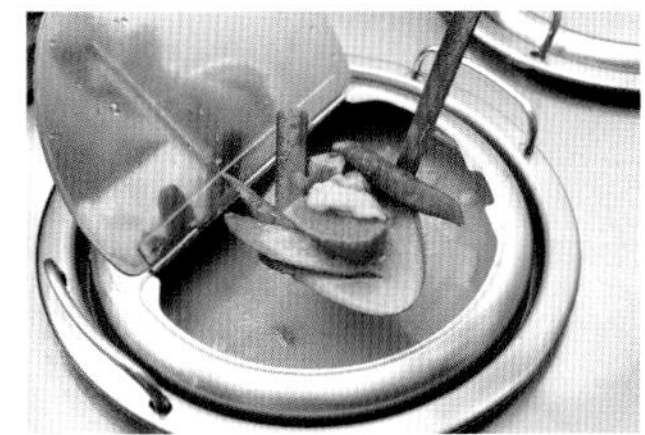

野菜の味もしっかり味わせるため、ゴボウ、大根、人参はポトフようにゴロゴロと大きくカット。だしで煮て味を含ませてから味噌汁になじませる。

発酵の複雑味を持つ味噌と食材との親和性を活かし、和洋中を問わず多彩にアレンジしていく

ごろごろ野菜と角煮のすんごいとん汁
1100円
ごぼうや大根、人参も想定以上の大きさ。さらにドンとのった約50ｇの豚の角煮。角煮は赤ワインで煮込んでから、八角など中華のフレーバーで仕上げる。具材のボリューム感、具材の味わいに同店の一番人気の一品。

味噌汁をメインに据え、連日行列ができる大人気店となっているのが東京・浅草の『ＭＩＳＯＪＹＵ』だ。日常の味噌汁とは違うメインとして味わう味噌汁を求め、平日は２００人以上、週末には３００人以上が来店する。

具材を大きくすることで迫力のあるメインの一品に

同店の一番人気「ごろごろ野菜と角煮のすんごいとん汁」は、その名のとおり、野菜はおでんやポトフのような大きさでごろごろ入り、中心にはどんと豚の角煮がのる。豚のこま切れ肉が入った味噌汁の味はもちろん豚汁で間違いないのだが、そのビジュアルは豚汁のイメージを覆す。約50ｇもある豚の角煮はフレンチの手法で仕込まれる。まずは赤ワインやドライフルーツ、ハーブで煮込んで味を含めてから、表面に八角など中華のフレーバーの濃い煮汁をまとわせる。大きくカットしたごぼうや大根、人参もしっかりだしの味が染みている。こうした味の重ね方で、ボリューム感だけでなく、角煮や野菜、それぞれの味わいや食感の変化で満足感をお客に与えていく。

同店で総合ディレクターを務めるエドワード・ヘイムス氏は東京生まれで、新潟出身の母が作る味噌汁が原風景にあったという。

「発酵をキーワードに何かやりたかったと考えたとき、日本には脇役としてずっと食卓を支えてきた味噌汁があるじゃないかと。具材を大きくすれば満足感、迫力を出して、十分メインになる」と、特別感のある味噌汁メニューを開発した。

味噌は、島根県弥栄町の「やさか共同農場」のもので、有機大豆や有機米、海水塩のみで醸造する麹が生きたままの生味噌だ。味のベースとなるだしは、真昆布と本枯節、荒節から一番だしを毎日丁寧に引く。雑味の少ない一番だしをベースに

日本の発酵文化や食事のスタイルを カルチャーとして伝えていきたい。

することで、味噌の風味や具材の持ち味を活かすことができるからだ。このだしをベースに、「味噌はどんな素材も受け止めるポテンシャルがある」とみそポトフやみそポタージュといった〝洋〟へ〝和〟の味噌汁を落とし込んだメニューも開発した。ポトフやポタージュも取り込むことで、海外の人にも親しみを持ってもらうためだ。

同店の営業時間は朝8時から。「ご飯に味噌汁があればいい。一汁一菜的なイメージです」と、モーニングセットには季節の野菜や油揚げなどを使った具だくさんの「本日のおみそ汁」と選べるおにぎり1個、それに煮卵とお新香が付く。5種類から選べるおにぎりは、シンプルな塩にぎりもゲランドの塩を使い、抹茶用に砕く前のてん茶をまぶすなど、ここにしかないおにぎりを用意する。10時以降も、好みの味噌汁とおにぎりに煮卵や赤かぶの酢漬け、近江地方の在来種の青大豆を使った豆腐、大山鶏の照り焼き、青菜のごま和えなどが付くセットが人気。栄養のバランスもいい日本の食事スタイルをきっちり提供する。

豆乳とホタテのとろーり みそポタージュ　1100円

カツオ節と昆布から取る一番だしをベースに、白味噌と相性のよい豆乳を使ったポタージュ。白菜と里イモ、エリンギを具材に、トビコと柚子味噌で和えた刺身用のホタテをトッピングする。

まるごとトマトとほろほろ 牛スネの みそポトフ 1100円

「味噌はどんなアレンジにも負けない」と牛スネ肉のフォンと一番だしを合わせた味噌汁に、フォンで煮込んだ玉ネギやジャガイモ、人参を具材に。インパクトのあるトマトは後のせする。

MISOJYU 浅草本店

住所／東京都台東区浅草1-7-5
営業時間／8:00～19:00
（時短営業実施あり）
定休日／無休
規模／約13坪・22席
客単価／1200～1300円
HP／https://misojyu.jp/

古い民家を改装した1・2階の店舗。階段をのぼっていくと、書家・武田双雲氏の迫力の書が飾られ、その中で滋味深い味噌汁が楽しめる。

東京・四谷　うぶか

おまかせコース　16500円

予約は２か月先まで埋まり、訪れたお客のほとんどが次回の予約を入れて帰るという。メニューはエビ、カニが主役の月替わりのおまかせコースのみ。エビやカニを熟知した店主の加藤邦彦氏が作り出す料理は変化に富み、「エビ・カニを食べるならこの店で」と決めている常連客も多い。

先付　縞海老鱶鰭煮こごり
蒸物　ズワイ蟹の桜蒸し　苺トマトすり流し
一品　車海老　蛍いか　アスパラの煮浸し
椀物　渡り蟹真蒸と白子筍　あおさ　木の芽
向付　車海老　平政　大葉　紅蓼　山葵
進肴　毛蟹共あえ
温物　白卵の甲殻類コンソメ餡かけ
揚物　車海老味噌フライ　実山椒のタルタル
飯物　本日の甲殻類の炊き込み
赤出汁　もずく　葱　豆腐　油揚げ　山椒
香物　白菜　大根　野沢菜
水物　宮崎県産マンゴー寄せ　柑橘ジュレ

※取材時、卯月の献立

先付　縞海老鱶鰭煮こごり

レンゲの上に煮こごりをのせ、ねっとりとしたシマエビの身とゴールデンキャビアとも呼ばれるその卵をトッピング。煮こごりは、シマエビの殻を焼いて煮出した〝だし〟でフカヒレを炊いて濃厚に作った。

一品　車海老　蛍いか　アスパラの煮浸し

羅臼昆布とマグロ節でひいた一番だしに淡口醤油、味醂で調味した浸し地に車エビと春が旬のホタルイカ、アスパラガスを浸し、煮浸しにした一品。車エビはのし串を打ち、頭を先に湯に入れ、火が通ったら胴を茹でる。

向付　車海老　平政　大葉　紅蓼　山葵

車エビは用途に合わせて２種類仕入れ、お造り用には「小ぶりのものがおいしい」と25〜30ｇ程度のものを使用。魚は季節や仕入れで変わる。撮影時のヒラマサは相模湾産の神経締めのもの。最初に塩で、続いて刺身醤油で食べることをすすめる。御殿場産の真妻わさびを添えて。

エビやカニを多彩な調理法で供する
甲殻類づくしのおまかせコース

揚物　車海老味噌フライ　実山椒のタルタル

一見すると普通のエビフライだが、ひと口食べると中から車エビの頭から作ったアメリケーヌソースがとろりと流れ出す仕掛け。濃厚なアメリケーヌソース、実山椒のタルタルでお客に驚きを与え、同店のスペシャリテとして認知されている。

飯物◦本日の甲殻類の炊き込み

甲殻類のだしで炊く炊き込みご飯が締めの定番。旬の桜エビは夜中に獲れたものがその日のうちに店に届く抜群の鮮度。桜エビから出る水分と日本酒、昆布だし、塩を合わせてだしにする。水分を取った桜エビはさっと素揚げにし、油をよく切って炊き上げた御飯の上に。

進肴　毛蟹共あえ

毛ガニの蒸した身とそのみそを和えただけのシンプルな酒肴だが、身とみそを別々に蒸すことで、「他にはない食感と香り」と人気。身の部分の火入れは約10分でプリッとした食感に。みそは20分かけてしっかり火を入れている。

温物　白卵の甲殻類　コンソメ餡かけ

黄身の白さに驚く"白卵"は米を飼料にした徳島の「たむらのタマゴ」を使用。ここにその日に使うエビ、カニの殻から取ったコンソメで作る贅沢なあんをかけ、旬の野菜を散らす。エビ塩をまぶしたあられを食感と風味のアクセントにしている。

次に何が出てくるか想像できない驚きのアレンジでエビやカニの魅力を最大限に引き出していく

車海老味噌フライ 実山椒のタルタル

エビの頭のおいしさを味わってほしいと開発。仕込み時に出る大量の頭を焼いてから日本酒と塩で煮詰め、漉してアメリケーヌソースに。これを冷凍し、寒天シートで巻いてから身と一緒に春巻きの皮で巻き、パン粉をつけて揚げる。

大人の酒客が多く集まる四谷荒木町に店を構えたのは２０１２年５月。「宣伝しないことが宣伝につながる」と知り合いにＤＭを送る程度で店をオープンした。それがエビ、カニを専門とするニッチな日本料理店として徐々に評判になり、現在では予約で連日満席になる。

鮮度抜群のエビ、カニを豊洲や産地から仕入れ、すばやく仕込む

『うぶか』の料理はおまかせのコース１本のみ。毎日、豊洲市場に足を運び、厳選して仕入れる活けのエビ３〜４種類、カニ３〜４種類、ここに時季によってシャコやフジツボが加わったり、各地から珍しいエビやカニが届いたり。エビやカニは必ず活きたものを、仲卸業者との信頼のもと、特別にいいものを仕入れる。予約で店を回しているため、高価格の素材であっても、ロスが出ないという好循環を実現している。

そして、鮮度のよい材料をさらにおいしくしているのが、独自の下処理の方法だ。エビの場合は、鮮度のよいうちに火を通し、できるだけ早く殻をむく。こうすることで臭みが出ないのだという。

カニの火入れも、通常は１パイ丸ごとで茹でたり蒸したりするのが一般的だが、同店では、身と甲羅を分けて火入れする。ミソよりも身の方が早く火が入るため、別々にすることで身をよりプリっと仕上げている。

コースの料理は、日本料理の核をきっちり守りながらも洋食や中華の手法も取り入れる。店主の加藤邦彦氏の料理人としてのスタートはエビ・カニ好きが高じてのカニ料理専門店。そこで甲殻類の料理の基礎を学んだのち、京都で板前になるための修業を３年半積む。さらに、ニュージーランドの日本料理店で３年、帰国してから中国料理店で２年半と経験を積んだ。

和食で自分のよさを出すには大好きな甲殻料理ではないかと、理想を追求したのがこの店です。

こうした多彩な経験があるからこそ、『うぶか』の料理には次に何がでてくるのかという、ワクワク感をお客に抱かせる。

たとえば、先付けは、レンゲの上にシマエビの殻で取っただしで炊いたフカヒレの煮こごりをのせ、シマエビの身と卵を重ねた。コースの中で種類の違うエビの個性を様々な手法で際立たせていく。

車エビのミソの濃厚味を活かしたアメリケーヌソースのエビフライ

コース終盤に出すスペシャリテのエビフライは、誰もが想像するエビフライとは大きく異なる独創性にあふれた一品だ。誰もが知っているエビフライだからこそ、名物にしたいと試行錯誤を繰り返し、完成したのが現在の形だ。

「プリっとした身を噛んだときに、ミソの濃厚さが出てきたらおもしろいのではないか」と、仕込みで出る大量の車エビの頭を煮詰めてアメリケーヌソースに。これを身と一緒に春巻きの皮で包み、形を整え、パン粉をつけて揚げる。口に入れると、サクッとした口当たりの後にアメリケーヌソースがとろりと溶け出し、その濃厚味にお客は驚く。ピリッとした辛味のある実山椒のタルタルとの相性も抜群だ。

同店では、ベースとなるだしも、日本料理のセオリーにとらわれず、甲殻類との相性で決めている。オープン当初は、利尻昆布と血合い抜きのカツオ節でだしを引いていたが、現在、昆布と合わせるのはマグロ節だ。これは、甲殻類に合うのはマグロ節だという修業先の料理長の言葉を思い出し、試してみたところ、見事にはまったという。

〆のご飯には、甲殻類のだしで炊く炊き込みご飯が定番だ。撮影時は、色鮮やかな桜エビのご飯。鮮度落ちの早い桜エビは、夜中に獲れたものがその日のうちに店に届く。桜エビから出る水分を加えた昆布だし、日本酒、塩でご飯を炊き、身はさっと揚げて色を出してから、炊きあがったご飯の上にのせて提供する。蓋を開けたときの香りと目に鮮やかな赤と、コースの華やかな印象が格段と心に残る仕掛けだ。これにより、また、次回の予約をお客は心待ちにする。

うぶか
住所／東京都新宿区荒木町2-14 アイエスビルII 1F
営業時間／18：00〜23：00（L.O.）
定休日／日曜日、祝日
規模／10坪・14席
客単価／2万5000円

東京・神泉　**神泉たつ**

季節のおまかせ十品　8000円

店のコンセプトは「居酒屋以上割烹未満」。旬の魚介や野菜をふんだんに取り入れた料理を、カウンター割烹のスタイルで供する「季節のおまかせ」が人気で、お客の6～7割が注文する。かしこまった席ではなく、もっとカジュアルに本格料理と酒を楽しみたい。そうした需要を確実につかんでいる。

1 先付け　ホタルイカ　アスパラ　うるいの柚子酢味噌　はっさくジュレ
2 温菜　ずわい蟹と筍の茶碗蒸し
3 八寸（自家製胡麻豆腐、岩もずく山形出汁、磯ツブ旨煮、イチジク白和え、合鴨と千住ネギ焼き浸し、水茄子生桜海老おろし和え）
4 お造り（真鯛湯霜、イサキ焼き霜、鰆焼き霜、赤貝）
5 温菜　インカのめざめモッツアレラ揚げ饅頭　もろこし餡
6 焼き物　鰆の柚子醤油漬け
7 肉料理　佐賀牛肩ロースすき焼き
8 椀物　真鯛と翡翠茄子の三つ葉椀
9 〆物　本鮪極上鉄火巻き
10 甘味　マスカルポーネアイス　カシスのジャム

先付け　ホタルイカ　アスパラ
うるいの柚子酢味噌　はっさくジュレ

1
コースの最初は爽やかな柑橘の香り、酸味のある一品で食欲を喚起。わかりやすく季節が感じられるホタルイカに山菜を取り合わせた。

温菜　ずわい蟹と筍の茶碗蒸し

2
するするとのど越しよく作る茶碗蒸しをコースの前半に提供。寒い時期には温かく、暑い時期には冷たくなど、温度感も配慮する。

3

八寸
酒肴を多彩に取りそろえた八寸は、三品目に提供するのがベストだという。小鉢を土ものの長皿に盛り込み、季節の色合いや味わいを存分に味わってもらう。

お造り
鮮度のいい魚介を仕入れ、それぞれの持ち味を引き出してから刺身に。白身魚は皮付きで焼き霜や湯霜にし、皮と皮近くの旨味も味わわせる。赤貝は閖上産を仕入れ、開いた身に飾り切りを施す。

4

季節ごとの料理と看板商品を織り交ぜて作るコースが人気

6

焼き物
鰆の柚子醤油漬け

漬け魚にしておいしい鰆を柚子醤油に漬け、同じ時季の筍のつけ焼きと一緒に盛り込み、さらに木の芽を散らす。焼き物は炭台で焼き上げ、燻しの香りも魅力にする。

5

温菜　インカのめざめモッツアレラ揚げ饅頭　もろこし餡

春から夏をつなぐような一品。ふかしたインカのめざめにモッツアレラチーズを射込んだ揚げ饅頭に、とうもろこしと枝豆の餡をたっぷりとかける。

8

椀物　真鯛と翡翠茄子の三つ葉椀

コースの後半、丁寧に引いただしのお椀で落ち着く一品に。マダイはだしの余熱で火を入れ、旨味をだしに溶け込ませる。

7

肉料理　佐賀牛肩ロースすき焼き

後半の目玉として「何か他にないものを」と開発したすき焼き。モモや肩ロースなど赤身部位を使用することで重くならないようにする。

10

甘味　マスカルポーネアイス　カシスのジャム

驚きのあるマスカルポーネチーズ風味のアイスのデザート。カクテルグラスに盛り、カシスジャム、金魚草を飾る。

9

〆物
本鮪極上鉄火巻き

歯切れのいい海苔の上に酢飯をのせ、本マグロ赤身、イクラ、ウニをのせて提供。お客自身に巻いて食べてもらう。

緩急をつけたコースの流れとカウンター越しのライブ感でお客を引き付けていく

季節のおまかせ十品

多彩な酒肴で楽しませる八寸、新鮮魚介を切り付けるお造り、上質な赤身肉のすき焼き、〆の本マグロの鉄火巻きなど、単品でも人気の看板メニューを組み込んだ10品のコース。ボリューム感、コスパのよさも魅力にする。

カウンター割烹といえば、年齢と経験を重ねてたどり着く大人の飲食の場のイメージが強い。そうしたカウンター割烹の料理とサービスのクオリティをもっとカジュアルに楽しんでもらいたいと2022年にオープンしたのが『神泉たつ』だ。

店主の三木達也氏が独立にあたって意識したのは、お客の目の前で調理し、作りたてを供する割烹スタイル。ただし、ギチギチとかしこまった店ではなく、気楽さをうたいたい。そのために取り入れたのが居酒屋の要素だ。ドリンクは、料理とのペアリングにも対応する一方で、サワーやソーダ割りも取り入れ、好きな酒を好きなように楽しむ居酒屋のような自由さを残した。

居酒屋以上の本格和食をくつろぎの空間で供する

コース仕立ての「季節のおまかせ十品」（8000円）では、季節ごとに出始めの食材、盛りの食材、名残りの食材を取り入れ、少しずつ献立を変化させていく。コースの最初に登場する先付けには、季節を象徴するドストライクの食材を使う。撮影時は、富山県産のホタルイカとうるい、アスパラを取り合わせた。味わい的にも柚子の風味をきかせた酢味噌に、はっさくのジュレを重ね、爽やかな柑橘の酸味で食欲を刺激する。続く一品は、お腹を温めてくれるような、だしを利かせた茶碗蒸しでするするとのど越しよく。

コースの流れはその時々の食材や料理の組み合わせにより、臨機応変に構成していくが、三品目に提供するのがベストと話すのは、色とりどりの小鉢を組み合わせた「八寸」だ。序盤の助走の二品を経て、いよいよお客も腰を据えて酒を飲もうというタイミング。ごま豆腐、もずく酢、イチジクの白和えなど、ともすればよくある料理だが、じっくり自家製ごま豆腐にはウニをのせ、もずく

カジュアルさを打ち出したい。だから居酒屋以上割烹未満の形です。

酢には歯応えのある岩もずくを使用。白和えはクリームチーズとマスカルポーネチーズを加える。八寸酒との相性を計算し、五味五色を取り揃えた八寸は、アラカルトの「前菜盛り合わせ」（2人前2400円）としても提供し、大人気となっている。

続く「お造り」は、仕入れにこだわった鮮度抜群の魚介を、さらに丁寧に手をかけて刺身にし、4～5種類の盛り合わせで提供。活〆の白身魚は骨付きの状態で寝かせ、旨味を引き出してから焼き霜や湯霜などにする。赤貝は宮城県閖上産の殻付きをむき、食べやすく飾り切りを施す。これらを高級すし店のように、ネタ箱に整然と並べておき、さりげなくお客に見せながら切り付けていく。

「他のお店にはないものを」と組み込んだのが肉料理として出す「すき焼き」だ。刺身同様、大皿に大判の薄切り肉を美しく並べておき、お客の目前で取り出す。肉はさっぱりと食べてもらうようモモや肩ロース部位など黒毛和牛の赤身肉を使用。

〆のご飯は、当初、鉄火巻きで出していたところ、「こんないいマグロを使っているんだから見せたほうがいい」というお客のアドバイスに従い、「見せる手巻きずし」に変更。有明産の高級海苔の上に赤酢と白酢を合わせた酢飯を置き、切り付けた本マグロの赤身をのせ、煮切りをぬる。さらにウニ、イクラ、芽ネギ、花穂じそを盛り添えた。これをお客自身に巻いて食べてもらう。マグロには食べやすく細かく隠し庖丁を入れている。

エンタメ性もスペシャル感もあるすき焼きと手巻きずしを必ず組み込むことで、変化していく季節の料理と「また食べたい」定番メニューを共存させることで、「おまかせ」の魅力を高めることに成功している。

巧い カウンターで魅せる庖丁の技

L字型のカウンターの角には同じ高さにまな板を置き、三木氏が刺身の切り付けや盛り付けを見せていく。その姿もまたお客の高揚感につながる。

神泉たつ
住所／東京都渋谷区神泉町10-16
さつきビル1F
営業時間／12：00～14：00（L.O.13：30）、
18：00～24：00（L.O.23：00）
定休日／日曜日
規模／10坪・11席
客単価／ランチ1500円、ディナー9000円
HP／https://shinsen-tatsu.com/

東京・新宿御苑　博多おでんと自然薯 よかよか堂

一皿おでん

小皿サイズでひと皿ごとに異なる味わいに仕上げた創作おでん。斬新な発想で開発したおでんを常時20種類弱用意。ひと皿ごとに味付けがまったく異なり、さっぱりタイプから濃厚タイプまで様々だが、汁まで飲み干してもらえるよう、塩分控えめで上品な味付けに。

博多和牛もつ鍋　748円

博多のモツ鍋をヒントに開発した一番人気商品。和牛の小腸とささがきゴボウを、アゴだしとカツオだしで、ほどよく上品な味わいに調味。

注文ごとに小鍋で仕上げる

具材はそれぞれ１人前ずつ小分けして仕込んでおき、注文ごとにアゴだしや調味料を加えて小鍋で仕上げる。写真の「博多和牛もつ鍋」はモツの脂を考慮し、カツオだしを加える。

上品な旨味のアゴだしベース

同店のおでんだしは、九州でよく使われている、旨味の強いアゴだしが特徴。アゴ節を主体に昆布などを加え、薄口醤油や塩でごく薄味に調味する。

大根とろろこんぶ　385円

おでんの定番大根は、下煮してやわらかく仕上げておき、営業中だしの中で温めておく。上品な薄味で、とろろ昆布が味と食感のアクセント。

ひと皿ずつ味わいの異なる 料理性を高めた創作おでん

**寒ぶりと菜の花と
揚げ餅おでん　858円**

冬季限定で提供していた季節メニュー。刺身で食べられる脂ののった寒ブリと、旬の菜の花の組み合わせ。旨味の出たつゆを吸わせるように揚げ餅を加える。

阿波豚バラと春菊　638円

徳島県産阿波ポークのバラ肉に、季節の野菜を組み合わせた。写真は春菊で、夏季はレタスも使用。葛切りを添え、仕上げにすりゴマをふる。

素材から出る旨味を活かす

和牛のモツや自家製さつま揚げやつみれなど、煮込むうちにだしに旨みが出てくる具材を積極的に使用。味わいの異なるエキスが出たつゆは、ごく薄味に調味して飲み干してもらう。

イカ真丈と生海苔　418円

イカをミキサーにかけて丸めた揚げた自家製イカ真薯と、生海苔を組み合わせた。イカから出る旨味とアゴだしが上質な味わいを作り出す。

他業種からもアイデアを導入した斬新な組み合わせで注文ごとにひと皿ずつ調理して仕上げるおでん

一皿おでん
おでんはグランドで11種類、月替わりで7～8種類を提供。定番の大根や玉子といった具材も、とろろ昆布や鶏手羽と組み合わせるなどひと工夫し、オリジナル性を高めている。

家庭料理の定番であり、コンビニや飲食店でも人気のあるおでん。万人受けする一方、定番の形が決まっていて差別化がしにくく、同じような味付けになるので飽きられやすいという一面もある。そんなおでんに新風を吹き込んだのが、『博多おでんと自然薯　よかよか堂』の「一皿おでん」。ひとさらごとに異なる味付けを施し、料理として完成度を高めた多彩なおでんで話題を呼んでいる。

定番のおでんは11種類で、和牛のモツとゴボウの「博多和牛もつ鍋」や、「阿波豚バラと春菊」など、これまでのおでんの枠にとらわれない斬新な素材の組み合わせをおでんとして提供。さらに季節メニューとして、「寒ぶりと菜の花と揚げ餅おでん」858円など、旬の素材を取り入れた限定商品を7～8種類ほど月替わりで用意し、お客を飽きさせない工夫をこらす。

また同店でのおでんは、注文ごとに小鍋で具材とだし、その他の調味料などを合わせ、ひと皿ずつ仕上げていく。そのためひと皿ごとにまったく異なる味付けが可能で、お客は飽きずに何皿も食べ進めることができる。

おでんのだしは、毎日店でとるアゴだしで、薄口醤油と塩でごく薄めに味付け。旨みが濃厚ながら上品な薄味で、素材の味を邪魔しない。素材の旨みが溶け出しただしを飲み干してもらえるように、小鍋で仕上げる際にも薄味を心掛けている。

手間暇を惜しまずひと皿ごとに仕上げるおでん

『よかよか堂』を経営する㈱やる気カンパニーは、居酒屋業態を中心に現在都内に6店舗を提供。その中心業態が、２０１５年に開発したオリジナル業態で、現在3店舗を展開する『天ぷら串　山本家』。代表取締役の山本高史の出身地である徳島の食材にこだわり、串に刺した天ぷらが看板商

身近なおでんなのに“当たり前ではない”ことが人気の理由です。

品。商品を開発した妻の志穂さんは、素材感を伝えつつ他との違いを出すため「天ぷらを串に刺してみよう」と思い付いたという。

この“天ぷら串”の発想をおでんに取り入れたのが、2019年9月に開業した『よかよか堂』。お客として通っていた福岡・天神の居酒屋『今泉油屋』が、おでんをひと皿ずつ異なる味に仕上げていることもヒントになった。

「手間がかかるので他ではやらない。そこに飲食店として、お客様がわざわざ来店してくれるヒントがあるのではと考えました」と山本氏。

おでんだしは、九州でポピュラーなアゴだしに、味付けも九州風に少し甘めに設定。定番のおでんは、福岡名物のモツ鍋から発想した「博多和牛もつ鍋」といった斬新な内容に加え、手間暇かけた料理性の高さも魅力にする。

食材は九州産のものを積極的に取り入れつつ、高品質のものを厳選。さらにこだわりの食材の由来などを提供時にお客に伝え、ストーリー性でも楽しませる。

また手間をかける分、適正価格での値付けを心掛けており、グランドメニューのおでんは1皿400円台から700円台、季節のおでんは千円超えのものもある。その価格に見合うように見た目にもこだわり、器はすべて有田焼を使用し、盛り付けにもこだわり、目からも食を楽しんでもらう。

夏向けうどんも開発 おでんの新たな可能性を示す

夏季に弱いというおでん業態の弱点を考慮し、『よかよか堂』ではもう一つの柱として自然薯を取り導入。開業前に全国各地の産地からサンプルを取り寄せ、その中で最もおいしいと感じた山口県の生産者の自然薯を、直送で仕入れている。注文ごとにすりおろす「自然薯生とろ」550円として商品化しており、他では食べられない独特の食感と風味が好評だ。

さらに夏季の対策として、生クリームなども使ってアレンジし、冷やしてこそおいしいという冷たい「夏おでん」を、夏季限定で提供。その甲斐もあって売上はさほど落ち込まず、おでん業態の新たな可能性を示している。

博多おでんと自然薯 よかよか堂
住所／東京都新宿区新宿1-18-16
サンパーク花園1F
営業時間／平日11：30〜14：30（L.O.14：00）、
17：00〜23：00（L.O.22：00）、
土・日・祝日11：30〜23：00
（L.O.22：00）
定休日／無休
規模／16坪・43席
客単価／5600円

〝飲める味噌ダレ〟の開発で
食べ疲れしない焼肉を実現

東京・高田馬場　**たれ山**

和牛リブロース　1408円

焼肉にはタレのおいしさがストレートに結びつく。『たれ山』のタレは、醤油主体の甘じょっぱい味ではなく、味噌主体のまろやかな味という独自の路線で注目を集める。店主の櫻川大地氏は、ラーメンスープやカレーソースをヒントに、味噌など調味料に鶏のだし、野菜のだし、和風のだしを合わせ、旨味深いタレを開発した。飲めるような食べ疲れしないタレの味で人気をつかんでいる。

味噌ダレベースのつけダレに追いニラダレで味変する

つけダレは味噌ダレとポン酢の２種類を用意する。味噌ダレにも酢を加えて少し酸味をもたせ、よりさっぱりと食べてもらう。卓上にニラダレを用意し、好みで味を変えてもらう。

味噌ダレとニラダレの割合で味を変えていく

味噌ダレとニラダレはあらかじめ合わせて基本の味を作っておく。薄切りのリブロースや上カルビは肉の美しさを見せるため、タレをかけるだけにする。

ホルモンやカルビ、ツラミはタレをからめて提供。基本の味噌ダレに対し、加えるニラダレの量で塩分や辛さを追加し、パンチのある味に調える。

塩分や甘さを抑えたまろやかな味噌ダレ

〈味噌ダレ〉

塩分濃度３％以下の白味噌を使用し、４日かけて作られる味噌ダレ。８時間煮出した鶏ガラスープ、ローストして甘みを引き出した野菜、昆布とカツオ節などからとる和風だしと合わせて火入れし、一日寝かせてから使う。

塩味と辛味を調整するニラダレ

〈ニラダレ〉

肉の個性に合わせ、塩分や辛味を調整するために開発したニラダレ。ニラや２種類の唐辛子に醤油などの調味料を合わせる。加熱せずに作るのでフレッシュ感もあり、辛さだけでなく唐辛子の甘さも活かす。

鶏ガラスープと野菜のピューレ、和風だしをかけ合わせ、まろやかな焼肉の味噌ダレに

和牛リブロース

大判のリブロースの中心には、同店を象徴する味噌ダレがたっぷり。鶏ガラスープと野菜のだし、和風だしをベースに京都の白味噌を合わせたタレが、リブロースの脂によく合う。

タレ焼肉の人気が高まるなか、2018年10月に東京・高田馬場にオープンした『たれ山』はタレ焼肉といっても、醤油主体の甘じょっぱい味ではなく、味噌主体のまろやかな味で人気を博す。既存の焼肉のタレはしょっぱすぎ、甘すぎで飲むことはできない。焼肉を食べ続けるのが難しいのもそこに原因があるのではないかと考え、店主の櫻川大地氏がヒントにしたのがラーメンのスープやカレーのソースだった。

ラーメン、カレーの研究から行き着いた飲めるタレの味

ラーメンもカレーも、ベースにきっちり取っただしがある。『たれ山』の味噌ダレも、鶏のだし、野菜のだし、和風のだしと、だしを掛け合わせ、複雑で奥行のあるコクや旨味を持たせている。

このタレは、四日間をかけて完成する。まず、最初に鶏ガラを香味野菜とともに8時間、ゆっくり煮出してスープを取る。二日目、4種類の野菜をゆっくり低温でローストし、自然な甘さを引き出してからピューレ状に。三日目、昆布とカツオ節から和風だしを引き、鶏ガラスープ、野菜のピューレと合わせ、白味噌や醤油など調味料を加えて火にかける。これを丸一日寝かせてから使う。「粘度や糖分のためにハチミツや水あめを使うと、どうしても食べ疲れしてしまうんです。だから、野菜で自然な甘さを出したかった」と櫻川氏。野菜をピューレにして加えることで、タレに必要な粘度も甘さも解決した。

さらに味噌ダレの核ともいうべき味噌は、櫻川氏が「奇跡的な出会い」と話す京都の白味噌で、塩分濃度3％以下。原材料は大豆と米、塩のみで、水あめなど添加せず、自然な米麹の甘さを活かす製法で醸造されたもの。「これがなければ完成しなかった」というように、この白味噌もそのまま

ファーストインパクトとずっと食べ続けられる味を目指しました。

食べられるほど穏やかな味わいを持つ。

ただ、このまろやかな味噌ダレだけでは焼肉の味にパンチが出ないため、香りや辛さ、塩分を補うための「ニラダレ」をあわせて開発した。ニラをたっぷり使い、唐辛子や醤油などを合わせ、非加熱で作る。唐辛子は品質により、苦味が前面に出てしまうため、辛いだけでなく、甘さもある良質なものを使用する。この味噌ダレとニラダレを自在に配合し、肉の個性に合わせてブレンドして下味をつけていく。

タレありきの同店では、肉の部位も味噌ダレに合うものに特化する。味噌ダレと相性のよいホルモンはもちろん、正肉は赤身肉よりも適度に脂のある和牛や交雑牛の三角バラやリブロースに絞り込んだ。さらに塩で食べさせる上タンや特上ハラミ、和牛レバー、塩やタレを選べるメニューも用意し、食べ飽きしないメニュー構成を工夫。

つけダレには味噌ダレのほか、ポン酢も用意する。脂のある部位もさっぱりと食べてもらうため、味噌ダレにも酢を加え、酸味をもたせる。さらに、卓上に置いたニラダレでお客に辛さや塩味を調整してもらう。こうした食べ疲れ、食べ飽きさせない焼肉の味で評判が高まり、フランチャイズ店も続々増えている。

上カルビ　1188円

正肉は赤身肉より脂がある部位がタレに合うと、サシがよく入る交雑牛の三角バラを「上カルビ」として提供。濃厚な肉の味とのバランスを考え、タレもたっぷりかける。１皿80ｇ。

ホルモンMIX
1078円

味噌ダレとニラダレの割合を同割くらいにして、味にパンチを出す。内容は日替わりで撮影時はホルモン（小腸）、ギアラ、ハチノス、ハツ。

ツラミ（ホホ肉）
858円

肉質はかたいが味の濃い部位。薄くスライスする分、判を大きくしボリューム感を出す。味噌ダレとの相性もよく、おすすめメニューの一つ。

たれ山

住所／東京都新宿区高田馬場2-15-3
営業時間／月～金17：00～24：00、土・日・祝日11：30～23：30
定休日／無休
規模／20坪・36席
客単価／5000～6000円

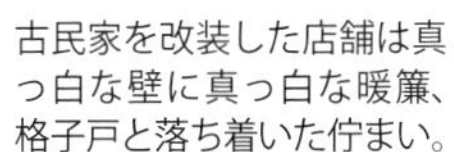

古民家を改装した店舗は真っ白な壁に真っ白な暖簾、格子戸と落ち着いた佇まい。

03

時代をとらえて進化する 看板メニュー

〈ヒットメニューの法則〉「濃厚味」

誰もが知っている料理であるのに、ここでしか食べられない。既存のジャンルやメニューであっても、食材の取り合わせや味の深め方を追求していけば、オリジナリティあふれる料理が生まれる。紹介するメニューでは、旨味深さや濃厚味でクセになる味を作り出し、人気となっているメニューも多い。濃厚味は、お客が欲する食事の喜びのひとつでもある。

具をしっかり食べさせる
冬の熱々白子麻婆豆腐！

東京・学芸大学　farm studio #203

黒毛和牛の四川麻婆豆腐 白子　2800円

中国料理の範疇を超え、人気の麻婆豆腐は、差別化の難しいメニューでもある。2019年にオープンした『farm studio #203』では、のど越しよくかき込むスタイルではなく、一つ一つの具をしっかり味わわせる大きさにすることで、「お肉がおいしい」と評される個性あふれる麻婆豆腐に作り上げた。豆腐は木綿と絹ごしの２種類、牛肉は赤身の味が濃い阿波牛のモモ肉でそれぞれ角切りに。白子入りは冬場の季節メニューとして登場する。

２種類の豆板醤で辛味も調整

味を決める豆板醤は、12種類のスパイスを加えた辛味の強いものと、豆豉を加えた辛味の少ないものを用意し、ブレンドして使う。

異なる個性で味や食感に変化を出す

木綿豆腐と絹ごし豆腐を同割で合わせ、木綿のコシ、絹のなめらかさと、ひと口ごとに違う食感を味わってもらう。さらに、白子はプリプリ感のあるタラの白子を加える。豆腐も白子もお湯で温めておく。

青山椒の爽やかな香りで仕上げる

仕上げに山椒の香りを立たせるため、山椒オイルと山椒パウダーを回しかける。どちらも青山椒のもので爽やかな香りと辛さをアクセントにする。

角切り肉とスジ肉の煮込みで旨味深く

同店では挽き肉ではなく、１㎝強の角切り肉を使用。赤身の味が濃い阿波牛のモモ肉を手切りする。さらにトロっと煮込んだスジ肉を加えることで、肉の旨味を強める。

肉々しく旨味深い麻婆豆腐に、白子の甘さとクリーミーさを加えて新しい魅力をつくり出す

黒毛和牛の四川麻婆豆腐　白子

黒毛和牛のモモ肉を使った旨味あふれる麻婆豆腐に白子を加えて季節メニューに。濃厚な麻辣の味が白子にからまり、白子の甘さやコクも引き立つ。

誰もがずっと食べてきた中華の料理をここでしか食べられない「想定外の驚きのある料理」に変換し、多くのファンを獲得している『farm studio #203』。同店の看板メニュー「黒毛和牛の四川麻婆豆腐」もまた、オーナーシェフの濵田利彦氏の創意に満ちた一品だ。

何よりも肉の存在感が際立つ。肉はシェフの地元・徳島の阿波牛のモモ肉を使い、手切りでカット。阿波牛は赤身の味が濃い黒毛和牛で、挽き肉よりも噛み応えのある大きさにすることで、肉の旨さを存分に活かすことができるからだ。

さらに、そうじした時に出るスジ肉もやわらかく煮込んで加え、肉の旨味とトロッとした食感で麻婆の味に深みを出している。スジ肉は中国醤油、濃口醤油、三温糖に八角や山椒、シナモン、陳皮などを加えて煮込んだもの。

豆腐は国産大豆を使った木綿豆腐と絹ごし豆腐を合わせて使う。歯応えのある木綿となめらかな絹ごし、異なる食感、異なる味を一口ごとに味わってもらうためだ。「食べ進めていくうちに、これ、なんだろうという発見があったら、おもしろいんじゃないか」と濵田氏。こうした発想のもと、素材感を存分に活かした麻婆豆腐が完成した。

白子入り、シマチョウ入りで麻婆豆腐の魅力を広げる

定番の麻婆豆腐に加え、11～3月は冬の食材・白子の入った麻婆豆腐を用意。白子の季節以外には、阿波牛のシマチョウを使った麻婆豆腐をオンメニューする。濃厚な麻婆の味をまとった白子や、プリプリとしたシマチョウの食感が魅力で、これらを目当てにやってくるお客も多い。

白子の麻婆豆腐にはプリっとした食感を持つ真ダラの白子を使用し、大ぶりにカット。牛肉80g、豆腐8切れに対し、白子60～70gを合わせる。

なじみのある料理でもどこか驚きが。麻婆豆腐でもそれを目指しました。

注文が入ったら、まず、肉を炒め、豆板醤、甜面醤を加えて香りを出し、ショウガ、ニンニクを加え、鶏のスープを加えて煮詰める。さらに、山椒スパイス、自家製ラー油を加えて味を調え、温めておいた豆腐、白子を加えて火を通す。

同店では、自家製の豆板醤を2種類用意。12種類のスパイスを加えた辛味の強いものと、豆鼓を加えた辛味の少ないもの。これをブレンドして使っていくことで、辛味を調整していく。白子入りでは白子のクリーミーさを活かすため、辛味や塩味を定番の麻婆豆腐より抑えている。

仕上げに青山椒のオイルとたっぷりの青山椒パウダーをかけ、爽やかな香りとしびれる辛さを際立たせて客席へ。この香りがまたお客の印象に強く残る。

同店のもう一本の柱は野菜や果物など30種類以上の材料を使ったヘルシーな「ヴィーガンサラダ」だ。1個ずつ注文できる餃子や春巻、北京ダックなど、女性客を意識したメニュー作りで食事を楽しむ女性客をしっかりとつかんでいる。

餃子
1piece 330円
手切りの豚肉の肉々しさに阿波尾どりのレバーとハツを加えた。ハツのサクっとした歯触りに「アレッ？」と声を上げるお客も多い。レバーの風味に合うナッティーな松の実ソースを添える。

えび春巻
1piece 400円
エビと黄ニラを三角の形で春巻きに。じっくりと低温で揚げて皮の内側まで水分を抜くことで、時間がたってもサクサクの食感を保つ。粉山椒を添える。

学芸大学駅近く、飲食店が集まるビルの2階。「家に遊びに来て」という意味を込めて部屋番号を店名に冠した。店内はカウンター席のみで、すっきりとした空間が広がる。

farm studio #203
住所／東京都目黒区鷹番2-20-4 学大十字街ビル2F
営業時間／〔ランチ〕月・金・土・日12:00～14:30
〔ディナー〕月～土18:00～23:00、日18:00～22:00
定休日／不定休
規模／6.7坪・8席
客単価／昼2000円、夜5000円

時間と手間ひまをかけた
技術が光る古典上海料理

東京・本駒込　中国料理　豊栄

丸鶏の八宝詰め蒸し

高い技術力と長時間の仕込み時間が必要な、上海の古典料理の一つ。丸鶏の骨と内臓を抜き、魚貝や野菜類など約10種類の海と山の幸を詰め込んで、醤油ベースのソースをかけて５時間せいろで蒸し上げる。多彩な食感と深みのある味わいは他では食べられないと予約が入る。現在、コースの予約時に追加メニューとして予約可能。

継ぎ足しのタレで5時間蒸す

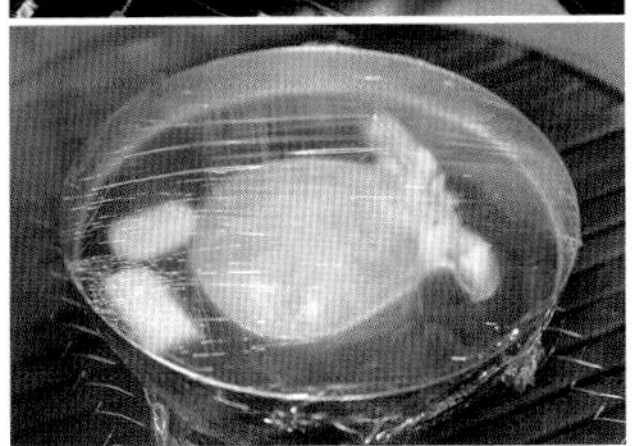

継ぎ足しのタレを中華鍋で沸かし、耐熱容器に入れた丸鶏に注ぐ。ネギ、ショウガを加えてラップをかけ、せいろで５時間ほど蒸す。蒸している間に、詰め物の旨味がタレに移る。

提供直前に、蒸しておいた丸鶏を煮汁ごと中華鍋に移して温める（ネギとショウガは取り除く）。丸鶏を取り出し、串をはずす。

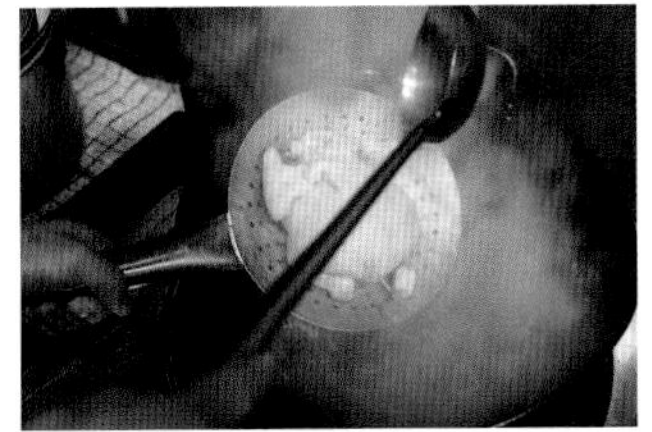

中華鍋に熱湯を沸かし、詰め物をした鶏の背中側に数回かけて湯通しする。水気をきり、醤油を回しかけて少し時間を置き、なじませる。

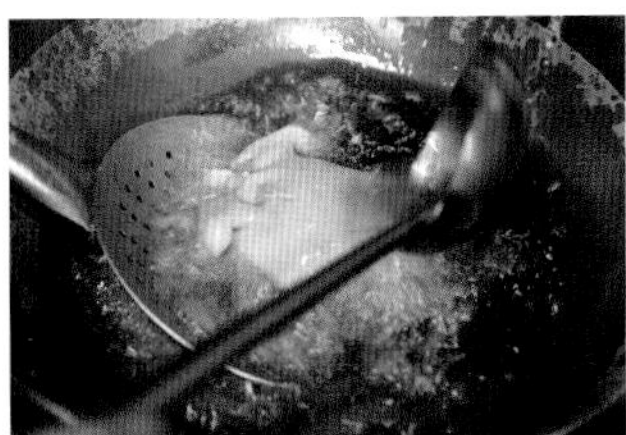

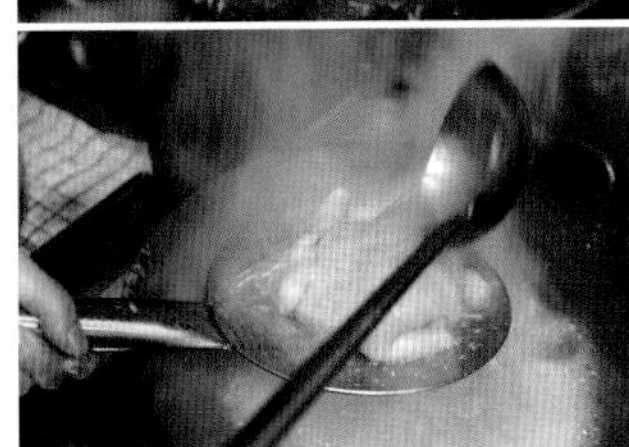

中華鍋に白絞油を入れて180℃程度に熱し、丸鶏を入れる。油を回しかけながら、表面を揚げるようにして１分ほど火を入れたのち、熱湯で表面の油を流す。

丸鶏に多彩な具材を詰め込む

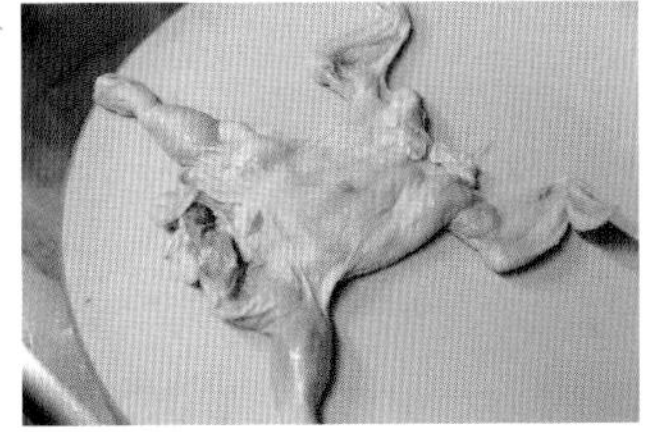

丸鶏は、主に若鶏を使用し、皮を破かないように内臓と骨を抜く。

ダイス状に切って炒め、XO醤ベースで調味する。トウモロコシや枝豆など、季節の野菜も使う。

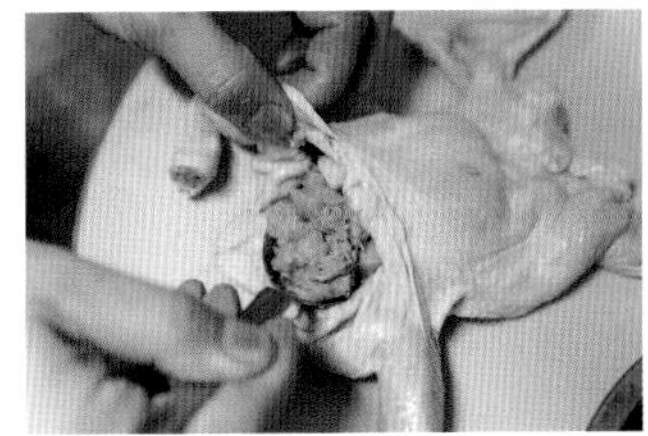

骨と内臓を抜いた丸鶏に、炒めておいた詰め物をぎっしりと詰め、頭と尻側の２か所を楊枝で縫い止める。

高い技術と仕込みの手間をかけ、高級食材に頼らずに自店の個性を打ち出す

日本の中国料理は、長らく「四川」、「広東」といった四大中国料理にジャンル分けされてきた。しかし近年、そうした従来の枠組みにとらわれず、幅広い地域の中国料理を提供する店や、逆にマニアックな郷土料理に特化した店など、独自路線の中国料理店が登場し、評判を集めている。東京・本駒込の『中国料理　豊栄』も、そうしたニュージャンルの中国料理店の一つ。四川・上海の料理をベースにしながら、古典料理からオリジナルの料理までを提供し、人気店となっている。

10種類の具と鶏の旨味が織りなす、奥深い味わい

同店では、グランドメニューと、日替わりのおすすめ料理を加えて常時60品ほどを用意。予約ではコース料理が主体となる。古典的な上海料理を再現した「丸鶏の八宝詰め蒸し」は、コースの予約時に追加で予約を受けるメニューでありながらも他では食べられない味わいと好評で、同店を代表する名物となっている。

「丸鶏の八宝詰め蒸し」は、骨を抜いた丸鶏の腹に詰め物をし、醤油ベースのソースで蒸し上げた料理。土鍋で熱々を提供するシズル感も魅力だ。元々古典的な上海料理の一つだが、高い技術が必要で仕込みに時間もかかることから、提供する店は少ない。特に丸鶏の腹に詰め物をするために、皮を破らないようにして内臓と骨を抜くのだが、この作業は中国人料理人の実技試験科目にもなっているほど難しいという。

中に詰める具材は、魚介や野菜など約10種類。エビ、小柱、イカ、カニ、豚肉、マコモ茸が定番で必ず入り、野菜はその時に応じて変わる。取材時はレンコン、人根などの根菜類と、マッシュルーム、椎茸、コンニャク。多彩な食感に加え、海の幸と山の幸が混然一体となった旨味たっぷりの

丸鶏の八宝詰め蒸し

甘辛い醤油ベースのタレに、丸鶏の旨み、詰め物の魚貝や野菜の風味が溶け込み、贅沢な味わい。シャキシャキ、プルプル、多彩な食感が口の中で踊る。

中国料理の伝統的な調理法と、自家製醤で個性ある味に仕立てます。

味わいを楽しめる。詰め物をした丸鶏は、湯通しと油通しを行ない、せいろで5時間ほど蒸す。この手間が、他店では味わえない深みのあるおいしさを生み出すのだ。

味づくりの要となるのが、自家製の醤をはじめ10種類ほどの自家製調味料。店名を冠した「豊栄醤」は、ピーナッツオイルをベースに、干しエビやエビ味噌、ココナッツなどを加えたマレーシア風の調味料。辛さの中にココナッツの甘みとエビの旨味が広がり、独自の味わいを醸し出す。

中国料理の新たな魅力を発信し若い料理人の道標に

オーナーシェフの進藤浩二氏は、目黒『香港園』、横浜『景徳鎮』、柏『麗宮飯店』などで修業。その後、渋谷の創作中華『月世界』にて料理長兼店長を5年ほど務めた後、落ち着いた雰囲気を持つ東京・茗荷谷の地に、２０１６年４月『中国料理豊栄』を開業した。そして、２０２２年11月に現在の地に移転した。

進藤氏のモットーは、「高級食材に頼らず、一般的な食材で旨い中華を作る」こと。そして、ありきたりの中国料理ではなく、オリジナリティのあるメニューを出すことだ。「丸鶏の八宝詰め蒸し」を提供するようになった理由も、「こんな料理も中国料理にはあるのだと知っていただきたい」と考えたからだという。さらに「近年は、中国料理のシェフを目指す若者が減っているので、彼らにもっと中国料理の魅力を伝えたい」という思いもあった。

開業後一年目こそ苦戦したものの、30代以降の男女を中心に、連日満席の繁盛店へと成長。忙しいなかでも丁寧な仕込みを徹底し、独自の味を守り続けている。

旨い　土鍋で仕上げる

塩茹でしたほうれん草を土鍋に敷き、丸鶏をのせる。煮汁に水溶き片栗粉を加えて軽くとろみをつけ、丸鶏の上からかける。

中国料理　豊栄

住所／東京都文京区本駒込3-1-8　COCOPLUS本駒込1階
営業時間／11：30～15：30（L.O.13：30）、17：30～22：00
※ランチは土・日・祝日のみ通常営業。
定休日／水曜日・木曜日（祝日の場合は営業し、別日に定休）
規模／21.5坪・20席
客単価／昼5000円、夜8000～9999円

つけ麺スタイルで食べる
話題性抜群のハンバーグ

東京・春日　榎本ハンバーグ研究所　春日後楽園店

初代しるばーぐ®（醤油）200g　1980円

店名と同名のブログで情報発信し、ハンバーグ研究家としても活動する店主・榎本稔氏が夏向け商品として開発した「しるばーぐ®」。「つけ麺にチャーシューが合うならば」と、ハンバーグを汁に浸す食べ方やカツオだしベースのスープとの相性などが好評の一品だ。

巧い　フライパン→スチコンで焼き上げる

フライパンで焼き目をつけてから165℃蒸気100%のスチコンで5分ほど蒸し焼きにし、ふっくら焼き上げる。スチコンはホシザキ社製。

旨い　カツオだし×肉の旨味で味わい深く

ハンバーグを焼いている間にご飯とスープを用意。ご飯はカツオ節粉をかけて香りよく、メンマと煮卵をトッピングする。

スープはカツオだしベースに豚の背脂を加えたもの。器に白菜とニラを入れ、温めたスープを注ぐ。

スープにハンバーグを浸しながら食べてもらうと、魚介の旨味×肉の旨味の相乗効果でより深いコクが生まれる。

吸水性のあるお麩で肉汁を閉じ込める

豚肉5、牛肉5で合わせ、先に塩だけを加えてこねる。肉同士をしっかりつなぎ、パン粉よりも吸水力のあるお麩を使うことで、肉汁あふれるハンバーグに仕上がる。

同店のハンバーグのパテは全メニュー共通。営業前に150g、200g、300gに成型しておく。両手で形を整え、表面をきれいにならすことで焼き割れを防ぐ。

柔軟な発想と遊び心、味も売り方も追求し、10年かけて店の看板メニューへと成長

初代しるばーぐ®（醤油）200g

暑い時期でもハンバーグをするっと食べてもらいたいと開発した「しるばーぐ®」。つけ麺スタイルの楽しさに徐々に人気が高まり、10年かけて看板メニューへと成長した。

大のハンバーグ好きからそのおいしさを追求したいという、オーナーシェフ・榎本稔氏の意志が店名に込められている『榎本ハンバーグ研究所』。

現在、同店がレギュラーでオンメニューするハンバーグは18種。中でも名物となっているのが「しるばーぐ®」だ。〝しる〟とはスープのことで、なんとハンバーグをつけ麺のようにスープに浸しながら食べるのが特徴。カツオだしに豚の背脂を加えたスープには、メンマや煮卵、海苔といったまるでラーメンのような具材を加えて提供する。

スープと共に軽く食べる夏用メニューに開発

もともとは「ハンバーグの売上が落ちる夏に食べやすいメニューを」と開発。「スープで口当たりよく、生姜を添えて、爽やかな風味で食べてもらおうと思ったのです。つけ麺の具材にチャーシューが合うならば、ハンバーグが合わないはずがない」（榎本氏）と、考えたという。麺の代わりにご飯を提供し、お茶漬けのように食べてもらう。

今では人気のメニューだが、提供し始めた10年前は見向きもされなかったという。そこで、店頭にポスターを貼り出したところメディアの目に留まり、露出が増えて注文も増加。「10年かけて名物になっていった」と榎本氏は振り返る。

どんなソースにも合うジューシーで旨みが深いパテ

ソースや素材の組み合わせで展開する同店のメニューだが、基本となるパテは共通だ。牛肉と豚肉の合い挽きミンチを使い、その割合は半々。ハンバーグといえば牛肉が多い配合が多いが、ソースとの相性やあっさりとした味が好まれる地域性やお客の好みに合わせて変化させてきた。また、

毎日食べて飽きないハンバーグ だからこそ突き詰め甲斐がある。

材料の豚肉もイベリコ豚やマンガリッツァ豚など変遷し、現在はガリシア栗豚を使用するが、他の銘柄豚や牛も使い、試作を続けている。目指すのは重さがなく、どんなソースでも受け止めるパテだ。

ポイントは粗挽きミンチと細挽きミンチを合わせることで噛み締めるたびに感じる肉々しさとふんわりした口当たりを両立。これらミンチは最初に塩だけでよくこねてから肉を結着させることでよりジューシーに。肉が均一に混ざったら、卵、麩、ナツメグ、黒胡椒などのスパイス、炒めた玉ネギを加えてさらにこねる。パン粉ではなく麩を使うのは肉汁が流れ出るのを防ぐためだ。「パン粉に比べて麩の吸水性は2倍。カットして肉汁が流れ落ちるのはもったいない。肉汁をしっかり口の中に届けるには麩がいい」と、フードプロセッサーで細かくした麩に牛乳を加え、ペースト状にしてから配合。さらに、玉ネギにもポイントが。食感を残して軽く炒めたものと飴色になるまで炒めたものを配合し、食感と甘さを加える。

パテの大きさは150g、200g、300gを用意。毎日営業前に肉をこね、出数を考えて整形しておく。注文が入ったらフライパンで焼き目をつけ、スチコンで蒸し焼きにし、ふっくらと柔らかな食感に。まだまだハンバーグの改良も考えているという榎本氏だが、基本のハンバーグのやさしい味わいこそが同店の魅力となっている。

榎研ハンバーグ　BLACK
200g　1980円

温泉卵をハンバーグに添えるのではなく、なんとか卵をハンバーグの上にとどめたいと考えて生まれたメニュー。温泉卵をフライパンで少し焼いてのせ、とろけるチーズで閉じ込めた。デミグラスソースのBLACKのほか、トマトソースのREDがある。

デミグラスビーフシチューの煮込みハンバーグ　200g
2190円

デミグラスソースをベースに5時間かけて煮込んだビーフシチューに、ジューシーなハンバーグと、濃厚で贅沢な味わいが人気。

榎本ハンバーグ研究所　春日後楽園店

住所／東京都文京区小石川1-16-16レキセン沖本ビル101
営業時間／11：30～15：00、18：00～21：00
定休日／不定休
規模／18坪・22席
客単価／昼1000～2000円、夜2000～3000円
HP／https://www.enomoto-hamburg-lab.com/

フォン・ド・ヴォーの旨味で差別化するロールキャベツ

東京・芝公園 Bistro Roven 芝公園

デミグラスソースのロールキャベツ 1500円

一から店で仕込むフォン・ド・ヴォーを煮汁に使い、鋳物鍋に入れてじっくり煮込んだロールキャベツ。合い挽き肉を使った肉ダネを、やわらかくとろけるような食感のキャベツが包み込む。フォン・ド・ヴォーを煮詰めて作るデミグラスソースは、濃厚ながら後味すっきり。

巧い オーブンも使い、ゆっくり煮込み一体感を高める

ロールキャベツの煮込み時間は2時間ほど。鋳物鍋でゆっくり煮込み、さらに鍋ごとオーブンに入れて温め続けることで、スピーディーな提供も可能になる。

巧い 冷凍して繊維を破壊し、とろけるキャベツに

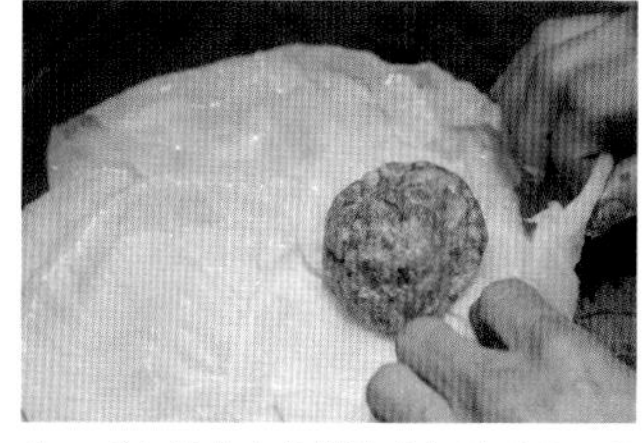

キャベツは大小を組み合わせて4～5枚。牛7：豚3の比率の合い挽き肉で作る肉ダネ120ｇを包み、1個300ｇのロールキャベツにする。

きっちりと巻き込んだらバットに並べ、冷凍保存する。冷凍することでキャベツの繊維が壊れ、肉ダネとの一体感のある仕上がりに。

旨い 牛骨と香味野菜を煮出したフォンを煮詰めてソースに

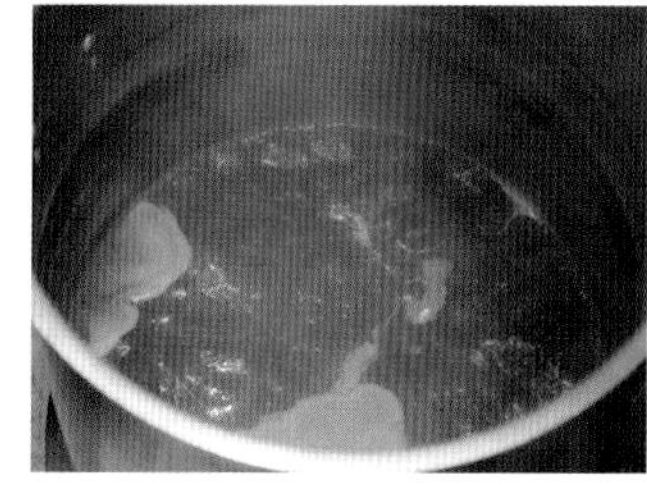

牛ゲンコツ20kg、牛スジ5kg、玉ネギ、人参、セロリ、ニンニク、トマトホール缶を12～14時間煮出し、だしを取る。このフォン・ド・ヴォーがソースにもなる。

煮出した後、シノワで二度漉しし、さらに2割程度になるまで詰めていく。ブラウンルーなどでのとろみの調整は一切せず、素材の旨味だけを凝縮させる。これを元のデミグラスソースにつぎ足していくことで常に同じ味を作り出す。

オーソドックスで正統派。じっくり手間をかけて仕込み、スピード提供

デミグラスソースのロールキャベツ
ロールキャベツの煮汁もデミグラスソースもじっくり煮出したフォン・ド・ヴォーがベース。とろけるキャベツとソースの相まった一体感が魅力となる。ランチメニューは、パンまたはライスが付く。写真のサラダ、スープはオプションで注文可能。

子供から大人にまで好まれる料理でありながら、家であまり作られることはない。さらに洋食メニューとしてのノスタルジックなイメージもある。そうしたロールキャベツという料理が持つ特殊性に着目し、店の看板料理に据えたのが、『BISTRO ROVEN』。〝ローブン〟とは同店の造語で、ロールキャベツとオーブンを掛け合わせたもの。その名の通り、同店のロールキャベツはオーブンでゆっくり温め続けながら煮込んで作っており、忙しいランチタイムにも素早い提供が可能だ。

２０１３年に東京・三田にオープンし、いままでは芝公園、八丁堀、新宿と、都心のオフィス街に合計4店舗を構えている。

素材の旨味のみを抽出したフォンをベースに味づくり

「王道でシンプルで、あの店のロールキャベツを食べに行こうというものを作りたかった」という岩村誠秀統括シェフが開発したのは、極めてオーソドックスな作り方のロールキャベツ。肉ダネをキャベツで巻いてフォン・ド・ヴォーで煮込み、煮汁を煮詰めて作ったデミグラスソースをかけて提供する。

シンプルな料理だからこそ、しっかりとぶれない味が必要になる。同店ではフォン・ド・ヴォーを取るところからスタートし、12～14時間煮出してだしを取る。煮出した後はシノワで二度濾しし、ロールキャベツの煮汁に使用。デミグラスソースは、フォン・ド・ヴォーが2割程度になるまで煮詰め、元のデミグラスソースに継ぎ足して使用。ブラウンルーなどでとろみの調整をせず、ひたすら煮詰めて自然なとろみをつける。これにより濃厚でコクがありながら、後味すっきりしたデミグラスソースが完成する。

ロールキャベツの肉ダネも、スタンダードなも

誰もが知っているのに家では あまり作らない。ロールキャベツの 価値はそこにあります。

の。合い挽きの黄金比率といわれる牛7：豚3の合い挽き肉を、余計な筋を感じさせないように二度挽きしてもらったものを仕入れ、炒め玉ネギ、ケチャップ、ソース、塩、砂糖、ナツメグなど香辛料で調味し、卵とパン粉でつなぐ。

ロールキャベツ1個につき120gの肉ダネを、熱湯に通したキャベツの葉4～5枚で包み、一個あたり300gの食べ応えのあるボリュームに。

包んだロールキャベツは、バットに並べて冷凍保存。これは仕込み置きの意味もあるが、一度冷凍することでキャベツの繊維が壊れ、煮込んだ時にやわらかくなるのだという。

これを出数を見ながら、3～4時間かけてフォン・ド・ヴォーで煮込む。この煮汁は、元の煮汁をベースに一度濾して沸かし直したものに、新しくとったフォン・ド・ヴォーを継ぎ足していくもの。キャベツの旨味も加わり、味が深まっていく。

煮込み用の鍋は、鋳物のストウブ鍋。オーブンでゆっくり煮込み、さらに鍋ごとオーブンに入れて温め続けることで、キャベツのやわらかさも増し、肉ダネとの一体感も高めている。

トマトソースのロールキャベツ　1200円

ソースはお客の好みで選んでもらえるよう3種類を用意。トマトソースはトマトをミキサーにかけずに仕上げ、果肉感を残している。トマトの旨み、酸味でさっぱりと食べられる。

ホワイトソースのロールキャベツ　1200円

洋食の定番ソース・ベシャメルソースのロールキャベツ。もとのロールキャベツは1種類でソースでバリエーションを広げる。平日はトマトソース、ホワイトソースもバランスよく出るという。

平日は近隣のオフィスワーカー、週末は家族客で賑わう。同店を経営する㈱カブトスでは店舗の内外装を自社でプロデュースしている。

Bistro Roven 芝公園
住所／東京都港区芝2-5-1コンフォルト芝公園1F
営業時間／11：30～14：30、17：30～23：00
定休日／不定休
規模／18.32坪・28席
客単価／昼1100～1800円、夜4000～6000円
HP／https://www.roven.jp/

調理法もバンズもソースも
選べる人気チキンバーガー

東京・門前仲町　とりサンドunmarl

とりサンド　710円（あげどり・茶色いこうばしバンズ・甘辛しょうゆ）

※ポテト別

オフィスランチに物足りなさを感じていた代表の山口恵摩氏がオープンしたのは、鶏の調理法もバンズもソースも選べる女性目線のグルメチキンバーガーの店。カスタマイズできる「とりサンド」が人気を呼び、さらに「嫌いな人はいない」と鶏のから揚げを軸に定食メニューも展開し、周辺のランチ客を集める。

巧い　「むしどり」のだしを加え、旨味深い和風ソースに

6種類用意するソースの中で、同店を代表するソースが「甘辛しょうゆ」。醤油、みりん、砂糖、酒を合わせた照り焼き風のソースに、「むしどり」を作る時に出る茹で汁をだしとして加え、味に深みを出す。

旨い　自家製ラードでコクと香ばしさをプラスする

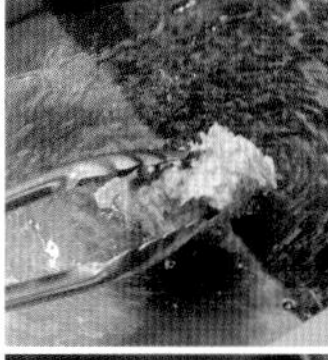

フライヤーを2台使って揚げる。まず、植物油で2分揚げたら、植物油にラードを加えた揚げ油に移し約4分。ラードは自家製で、豚の背脂をゆっくり煮出して作る。店内に広がる香りがまたお客の食欲をそそる。

巧い　ハーブ入りの衣で風味よく揚げ上がりをサクサクに

「あげどり」には身がやわらかく、ジューシーな鹿児島県産のモモ肉を使用。1人前100g。スジや脂を丁寧に取り除くことで、より口当たりがやわらかく仕上がる。下味は塩、胡椒。

1年ぐらい試作を重ねた衣は、小麦粉に片栗粉を合わせ、ハーブやゴマ油、マヨネーズを加えたもの。揚げ上がりのクリスピー感を重視した配合になっている。

〈バンズ〉

全粒粉入りの「茶色いこうばしバンズ」と低温で焼き上げる「白いもちもちバンズ」を特注し、店で焼き印をつけている。注文が入ったら、バンズは鉄板で内側を焼く。

〈ソース〉

定番のソース4種類に季節のソース2種類を用意。SNSで告知すると、その日のうちに訪れるほど、季節のソースを楽しみにしているお客もいるという。

上：とりサンド　890円
（あげどり・茶色いこうばしバンズ・スイートチリ・マヨたま）
下：とりサンド　710円
（むしどり・白バンズ・ゆずこしょうマヨ）
組み合わせは無限に広がるが、店のおすすめを写真入りのメニュー表で用意することで、迷わず注文できるよう配慮もする。写真はどちらもおすすめの組み合わせ。

メインの鶏も「フライドチキン」と「蒸し鶏」2種類の調理法から選び、好みのオリジナルバーガーに

「チキンサンドにしたのは鶏のから揚げを嫌いな人はいないこと。そして、パンに何か挟むとおいしいということをみんな知っているからなんです」と代表の山口恵摩氏。鶏のから揚げもチキンバーガーも、専門店も数多く、誰もがそのおいしさを知る料理だ。ただし、差別化が難しい。山口氏はここに女性目線の究極の選べる楽しさをプラスした。チキンバーガーはフライドチキンをパンにはさんだものをイメージすることが多いが、同店では2種類。まずは、メインの鶏を「あげどり」と「むしどり」から選んでもらう。

「あげどり」は衣をつけて揚げるいわゆるフライドチキンで、肉質がやわらかくジューシーな鹿児島県産鶏のモモ肉を使用する。モモ肉1枚を3等分し、1カットは100g。スジや血合い、余分な脂を丁寧に取り除くことで、歯切れよく仕上げている。衣は揚げ上がりのサクサク感を追求し、小麦粉に片栗粉を合わせ、ハーブやゴマ油、マヨネーズを加えてコクを出しながら、揚げ上がりのクリスピー感を追求した。さらに、揚げ油には自家製のラードをブレンドし、香ばしさをプラス。植物油で約2分揚げたのち、植物油にラードを混ぜた油に移し、約4分揚げる。

一方の「むしどり」には、低温で蒸し煮にしてもえぐみの出ない鳥取県産の銘柄鶏「匠の大山鶏」ムネ肉を使用。ネギや調味料を加えてしっとりと蒸し煮にする。蒸し煮にしたときに出る蒸し汁も、だしとして定番ソースの「甘辛しょうゆ」に加えるなど、旨味を余すところなく使いきる。

「あげどり」のクリスピー感に対して、「むしどり」のしっとり感。「あげどり」のガッツリ感に対して、「むしどり」のヘルシー感。こうした明確な対比が選びやすさ、わかりやすさにもつながっていく。その日の体調によっても選ぶことも可能だ。

バンズも、全粒粉入りの「茶色いこうばしバンズ」と低温で焼き上げる「白いもちもちバンズ」と、

「とりサンド」の開発は鶏肉もバンズも味わいの対比を意識しました。

食感も色も味わいも明確に異なる2種類で対比させている。ソースは「甘辛しょうゆ」「スイートチリ」「ゆずこしょうマヨ」「バジルマヨ」の4種類に加え、季節のソースが加わる。さらにトマトやスライスチーズ、マッシュアボカド、マヨたまなど追加のトッピングも100~250円で用意。

鶏肉とバンズの対比に加え、ソースやトッピングが加わることで、組み合わせは無限に広がり、自分好みのオリジナルチキンバーガーができあがる。Sポテトセット（380円）、Mポテトセット（600円）を付けることもでき、ボリューム感も調節できる。

そうした選ぶ楽しさだけでなく、鶏とバンズに究極の2択を用意することで、お客自身も自分が何を欲しているかがよくわかるメニューになっている。ただし、迷ってしまうお客のためには、店のおすすめの組み合わせ8種類を用意し、写真入りのメニュー表で紹介する。お客目線のきめ細かな対応も人気の要因だ。

チキンバーガー専門店の鶏肉のご飯メニューで新規客をつかむ

当初、「とりサンド」のパンメニューから始まった同店だが、現在、鶏肉をメインにしたご飯メニューで新規客をつかむことにも成功。唐揚げ丼（並700円、大盛800円）、唐揚げカレー（並950円、大盛1000円）、チキンカツカレー（並1100円、大盛1150円）、チキン南蛮ご飯プレート（並930円、大盛980円）など、鶏肉を軸にし、多彩なメニューを展開。小鉢や味噌汁を付けた定食スタイルも人気で、ランチタイムには周辺のサラリーマン客で賑わう。

おいしくてボリューミーな内容で、男性客の昼ごはん、夜ごはん需要にも応えている。

とりサンドunmarl
住所／東京都江東区福住1-2-2
営業時間／火～木11：30～17：00、
金・土11：30～14：00、18：00～21：00、
日15：00～21：00
定休日／月曜日
規模／10坪・15席
客単価／1000円前後
HP／https://www.torisand.com/

門前仲町の街並みになじむ藍色ののれんが目を引く。木のぬくもりが感じられる店内やロゴに至るまで、店主の好みを実現し、くつろぎ空間をつくり出す。

"ワンハンドレッド"で焼くやわらか食パンとスペシャリテのコラボ

東京・池袋

ESPRESSO D WORKS 池袋

OMELET LUNCH

1710円

ベーカリー併設のカフェとしてオープンした同店。店内で焼くパンの中で、目玉の一品として開発されたのが小麦100に対し、水も同割の100で合わせる食パン「ワンハンドレッド」だ。究極の柔らかさを追求したこのパンが付いたランチが大人気で、平日120人、週末で170人を集客する。

超多加水の新感覚食パン

大きいと自重で潰れるため、通常の食パン１斤の半分のサイズに。前日に仕込んで長時間熟成し、翌日に発酵、焼成を行なう。

ベーカリー業界では、「小麦100に対し水分の限界値は70〜75」と言われてきたというが、ワンハンドレッドは小麦100に水あ分100を実現。究極の柔らかさともちもち感で、新感覚の食パンを生み出した。

トリュフたっぷりの贅沢さが魅力

オムレツにマデラ酒やフォンドヴォーを詰め、刻んだトリュフを加えたペリグーソースと、黒トリュフをたっぷりとかける。この贅沢さにオーダーが集中する。

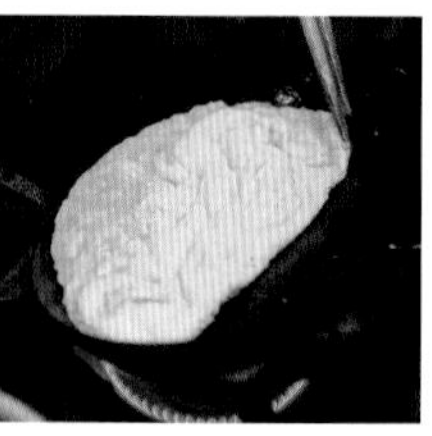

卵、生クリーム、塩のみで作るオムレツ。オーダーごとにたっぷりのバターで半熟に仕上げる。ソースが決め手のため、オムレツは極力シンプルに。

究極の柔らかさを追求した結果、小麦100：水分100の食パンが完成。

スフレパンケーキや手打ちパスタなどに加え、店内で焼き上げるパンを看板にする。なかでも目玉は、新開発の食パンだ。食パンは小麦100に対し、水分70～75の割合が限界と言われていた加水量を、同割となる100配合し、「ワンハンドレッド」を開発した。「もともとベーカリーにチャレンジしたいと思っていて、やるならおもしろいパンをつくりたかった。日本人は食感の柔らかさを重視するので、究極的な柔らかさを追求したんです」と代表の赤塚元気氏。

ただし、「甘い食パンは食べ飽きる」と甘さを控えめにし、料理とも合わせやすく、毎日でも食べられる飽きのこない味わいを目指した。生地は前日に仕込み、長時間熟成を経て、翌朝型に入れ、再発酵させて焼き上げる。販売時間は12時、14時、16時、18時の1日4回で、各40斤限定で販売。毎回売り切れるほどの人気ぶりだ。

香り高いトリュフソースでちょっと贅沢なオムレツランチに

さらに、この食パンがセットになったランチメニューが大ヒットし、並んででも食べたいと注目を集めている。ランチメニューはメインのパスタやサラダ、オムレツなどメイン料理に、ワンハンドレッドと焼きたてパン、ドリンクが付き、1600円～2500円の価格帯。メインのクオリティはもちろん、焼きたてパンがおかわりできる点、バリスタが淹れるコーヒーなどから選べるドリンクという点も満足を高める理由となっている。

なかでも1日70～80食出るという売れ筋の「OMELET LUNCH」のトリュフオムレツは、同店のスペシャリテとして認知されている一品。オムレツはシンプルに卵と生クリーム、塩のみで作るが、コストと手間をかけたソースが味の決め手だ。マデラ酒、ポートワイン、フォン・ド・ヴォーに刻んだトリュフを加えた、フレンチのペリグーソースをたっぷりかける。その上にトリュフを削りかけ、ちょっと贅沢なランチを表現する。ワンハンドレッドと高付加価値のランチで爆発的な人気を誇る同店。「パン職人をはじめ、手打ちパスタの職人、バリスタと職人が集まる業態」だからこそ、商品の専門性を明確に打ち出していく。

ESPRESSO D WORKS 池袋
住所／東京都豊島区東池袋1-30-3 キューブプラザ池袋
営業時間／11：00～23：00
定休日／無休
規模／60坪・98席
客単価／昼1700円、夜3000円
HP／https://dream-on-company.com

表面はさくっと中はふんわり。甘じょっぱさがクセになる

東京・代々木公園

PATH

ダッチパンケーキ 生ハムとブッラータ 1850円

アメリカで生まれ、朝食メニューとして人気の「ダッチパンケーキ」。東京・代々木公園の『PATH』では、このパンケーキを求めて朝から行列ができる。上にのせたブッラータチーズと生ハムの塩味、メープルシロップの甘味が絶妙にマッチしたおいしさがお客を引き付けている。

メープルシロップで甘じょっぱい味に

焼き上がりの生地は、こんもりと膨らんでいる。皿に移してブッラータチーズをのせると、余熱でチーズがとろり。生ハムをのせて少量のメープルシロップをかけ、黒胡椒とタイムをふって仕上げる。

熱々のスキレットでじっくり焼き上げる

生地は、まとめて１日分を仕込む。直火で熱々に熱したスキレットに生地をいっぱいに流し入れ、オーブンで20～25分焼く。

上質な朝食を普段着で食べられる店にしたいと開発したメニューです。

名物の「ダッチパンケーキ　生ハムとブッラータ」は、朝8時から14時まで注文可能で、平日60～70食、週末は100食以上を売る大人気メニューだ。特に20～40代の女性客に支持され、同店の朝・昼の客層の7割を占めている。

注文ごとに20分以上かけて焼き上げるダッチパンケーキは、表面はさっくり香ばしく、中はふんわり。ナイフを入れると熱で溶けたブッラータチーズがとろりと溶け出す。ひと口食べれば、卵の風味豊かな生地にブッラータチーズのミルキーな風味が溶け合い、上にのせた生ハムの塩味が味を引き締める。さらにメープルシロップをかけると甘い香りが立ち上がり、食事としても楽しめる甘じょっぱさが生まれる。

アメリカで出会ったパンケーキをブラッシュアップして名物メニューに

メニューの原点はオーナーシェフの原太一氏がアメリカ・ブルックリンで食べたダッチパンケーキ。「現地で食べた時は、めちゃくちゃおいしいというより、もっとしっかり作り込めば理想の形になる」と、帰国後、共同経営者でパティシエの後藤裕一氏と試行錯誤し、オリジナルの生地を完成させた。

さらに、味のポイントになるのはクリーミーなブッラータチーズだ。フレッシュなモッツアレラの中に生クリームを包み込んだこのチーズを、渋谷のチーズ専門店「渋谷チーズスタンド」に特注し、開発してもらった。希少な国産ブッラータチーズを楽しめるのも大きな魅力になっている。

同店は幅広い利用動機に対応したいと、朝食メニューに力を入れる一方、パンやフランス菓子のテイクアウトや夜のコースやアラカルトメニューを用意。カフェ、ダイナー、ビストロ、ワインバーが融合した店として、地域に溶け込んでいる。

床の古木や壁のタイルなど、一つひとつにこだわりが詰まった店内。オープンキッチンのカウンター席の奥に、テーブル席を配置。

PATH
住所／東京都渋谷区富ヶ谷1-44-2
営業時間／8：00～14：00（L.O.13：00）、18：00～23：00（L.O.22：00）
定休日／月曜日・火曜日の昼、第2・4日曜日・月曜日の夜
規模／20坪・23席
客単価／モーニング・ランチ2000～3000円
ディナー6000～8000円

老舗喫茶で客層拡大に貢献。自家焙煎コーヒーのかき氷

兵庫・神戸市　**珈専舎 たんぽぽ**

かふぇ氷　950円

ブーム以前に開発したかき氷がヒットし、郊外ながら夏には20代から高齢者まで行列をつくる『珈専舎たんぽぽ』。自家焙煎店のかき氷として、コーヒー好きやコーヒーゼリー好きを魅了し、食べて飲んで二度おいしい仕掛けを散りばめたのが「かふぇ氷」だ。

キャラメルかふぇ氷
1070円
器にキャラメルソースを敷き、中央にコーヒーゼリーを忍ばせ、トップにはエスプーマを絞ってキャラメルソースをかけた。「普段、キャラメルマキアートのフラペチーノを飲む層をターゲットにした」と穴田氏。

かふぇコアラ氷　1100円
ソースなどを付けて途中で味を変える「味変」が流行した際、「うちは流行に乗らず、キャラクターでいこう」（穴田氏）と開発。中心にミルクとコーヒー、２種のゼリーを忍ばせるのが特徴。写真を撮りやすいよう、顔を上向きに作った。

名物のコーヒーゼリーはネルドリップで抽出

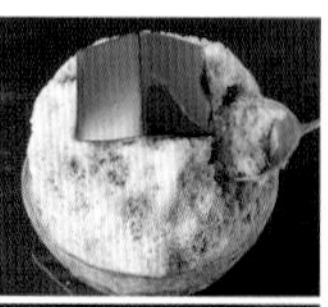

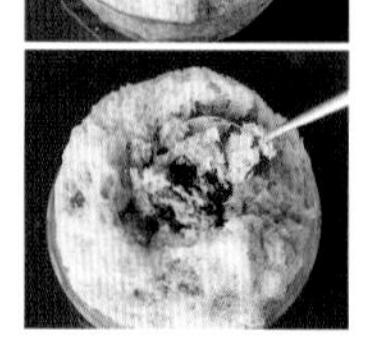

大きなコーヒーゼリーは氷の間とトッピングの２か所に。氷の口溶けとフルフル食感の対比が楽しい。

そのままで味が完成しているが、甘さを加えたい人のために自家製のうす蜜を添える。

「旨味を感じやすい」（穴田氏）と、コーヒーゼリーはネルドリップで抽出して急冷。この後、加糖してギリギリの量のゼラチンで凝固する。

自家焙煎コーヒーにこだわり、わざわざ訪れる価値を追求しています。

「かふぇ氷」は、チョコレートソースをあらかじめ敷いた器に純氷を掻き、中央にネルドリップコーヒーで作るゼリーを忍ばせ、氷で覆って自家製コーヒーシロップとミルクシロップをかけた一品。仕上げにトッピングする巨大なコーヒーゼリーの存在感がひと際インパクトを与える。

開発に着手したのは２００９年。至近の道路開発から、交通量や集客が減少することを予想し、若い人がわざわざ足を運ぶメニュー開発が急務だと考えたことがきっかけだ。そこでコーヒーの売り上げが落ちる〝夏向け商品〟に絞ることに。「アイスクリームは盛夏になると脂肪分が食べ辛い。盛夏に食べやすく、若い人に訴求できるかき氷にしよう」とオーナーの穴田真規氏は考えた。

溶けても美味しい仕掛けでオペレーションも円滑に

味は大人から子供まで愛される自家焙煎コーヒー店の味を意識。また、食べ終えたかき氷を片付ける際に残った汁をこぼすと掃除に手が取られることから〝最後まで飲み干せる味〟を裏のテーマとし、２種のシロップとチョコレートソースを組み合わせ、氷が溶けると冷たい「カフェモカ」として最後の一滴まで楽しめる品に。さらに元から人気があったコーヒーゼリーを氷と組み合わせることで、まずはコーヒーゼリー好きに訴求した。

そんなインパクトや二度おいしい楽しみ方、コーヒー店らしい味や売り方が奏功。以降もアイデアを形にし、新作を発表。時間限定の提供としながらも、夏季には1日の売上の60％を占めるまでになり、１日１５０杯以上を販売。かき氷を待つ間に食べるフードやコーヒーの注文率、物販の売り上げも上昇し、メニューの選択肢が広がったことで三世代利用の増加にも貢献。まさに看板メニューが店の発展に寄与した好例だ。

1974年の創業時は交通量の多い国道沿いの立地を活かし、幅広いメニューを用意してドライブインとして機能。現在は喫茶店の趣を残しながら本格的なコーヒーを楽しめる店として知られる。

珈専舎 たんぽぽ
住所／兵庫県神戸市西区神出町広谷608-4
営業時間／8：30～16：30（L.O.16：00）
定休日／日曜日、祝日
規模／27坪・48席
客単価／1000円
HP／http://tanpopo.ocnk.net/

群馬・高崎市 **トラットリア・バンビーナ** 筑縄店

えびジェノパスタ 1300円

週末には多い時で200食も売る大人気パスタ。群馬県高崎市のイベント「キングオブパスタ」2018年の優勝メニューだ。赤城鶏のガラと10種類もの野菜を煮出したブロードをベースに塩麹で味を決めるパスタはペペロンチーノの概念を覆し、旨味深い味わいを作り出す。

巧い ジェノベーゼの香りとコクで味に変化を

バジルと松の実、EXVオリーブオイル、パルメザンチーズで作るジェノベーゼは、トマト系のパスタのトッピング（+100円）としても人気。旨味を吸ったパスタとのなじみをよく、上にかけることで味変も楽しんでもらう。

巧い エビのフリットでご馳走感を演出

チリベースの自家製シーズニングをふりかけたエビのフリットをトッピングし、食べ応えと食感に変化をつけることで食べ飽きさせない。

旨い 濃厚なブロードに塩麹、レモンで味を作る

ブロードは群馬の赤城鶏のガラと10種類の野菜を１対１の割合で合わせ、15時間かけて煮出したもの。冷めるとプルプルとかたまるほど、コラーゲンがたっぷりで旨味も深い。このブロードに塩麹のまろやかな塩味、レモンの酸味を加えたスープを乳化させながらパスタに吸わせていく。

自分の持ち味の塩系で挑戦し続けることで、完成したパスタです。

群馬県高崎市周辺は小麦粉文化が根付く場所。そうした食文化を背景に、パスタの町にしようと2009年から始まった「キングオブパスタ」のイベントだ。『トラットリア・バンビーナ』ディレクターの上原祐二氏は、同イベントに自身の得意とする塩系パスタに的を絞り、挑戦してきた。

旨味を吸ったパスタにジェノベーゼ、エビのフリットと多彩な味で楽しませる

一般にペペロンチーノなど塩系パスタは、オイル系のパスタになるが、上原氏は旨味を凝縮されたブロードをパスタに吸わせる手法をとる。ブロードは、地元・群馬の赤城鶏のガラと10種類の野菜を15時間かけて煮出したもの。鶏ガラと野菜の割合は1対1。野菜は人参、玉ネギ、セロリ、ニンニク、ショウガ、ハーブなど。新鮮な野菜の力強い香りと味と、赤城鶏の旨味をぐっと凝縮していく。鶏のコラーゲンが溶け出したブロードは、冬場には煮こごりができるほど濃厚だ。

このブロードにまろやかな塩味の塩麹で味を決め、スープを作っておく。味をきっちり決めることでランチなど忙しい時間にも、味がぶれずに提供できるという。「えびジェノパスタ」の場合には、塩麹を入れるタイミングで、レモンの果汁を絞り入れ、酸味で味を引き締める。

パスタは提供までの時間を考慮し、1・4㎜の比較的細めのスパゲッティを採用し、4分ほど茹でる。1人前は乾麺で100g。茹で上げたパスタに使うスープは180ccとたっぷりの量で、スープの味も存分に味わってもらう。

仕上げにかけるジェノベーゼもブロードを吸ったパスタによく合うと評判。トッピングのエビのフリットには自家製のシーズニングをかけ、それだけでおいしい味に作っている。

郊外の住宅街でフリ客の望めない立地ながら、平日は高崎市内、土日は県内外から同店のパスタを求めて多くのお客で賑わう。

トラットリア・バンビーナ　筑縄店

住所／群馬県高崎市筑縄町13-8
営業時間／火～土11：00～15：00（L.O.14：30）、
17：30～22：00（L.O.21：30）
日・祝日11：00～15：00（L.O.14：30）、
17：30～21：30（L.O.21：00）
定休日／月曜日
規模／20坪・36席
客単価／1500円

万人に好まれるマンマの味を
忠実に〝再現〟したラザニア

東京・赤坂 **aniko**

ヴィンチスグラッシ マルケのラザニア 2600円

ほどよい食感の自家製パスタ生地と、濃厚な味わいのソースを10層重ねにして焼き上げた〝ラザニア″。イタリア・マルケ州のマンマの味をベースに、手間暇かけて目にも美しい料理に仕上げた。特徴的ながら万人に受け入れられる味わいで、幅広い客層の心を掴む。

巧い ソースとパスタを10層ほど重ねる

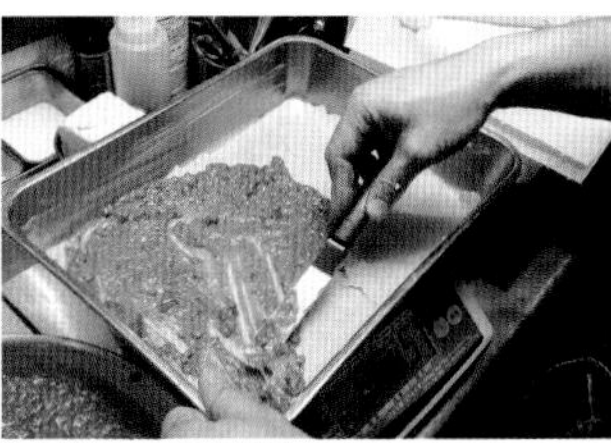

25cm×34cmのバットにバターを塗り、茹でたシート状のパスタを敷く。その上にソースを一面に塗り、パルメジャーノ・レッジャーノをかける。これを繰り返して10層ほどの層状に。ソースの存在感を際立たせたいので、チーズはかけすぎないように留意する。

パルメジャーノ・レッジャーノをかけ、180℃のオーブンで10分焼き上げる。冷ましてから一人前ずつカット。

注文ごとに、一人前分のラザニアにパルメジャーノ・レッジャーノをかけ、220℃オーブンで４分ほど焼く。皿に盛り付け、ペコリーノチーズ、イタリアンパセリ、EXVオリーブオイルをかけて提供する。

旨い ほどよい食感の自家製パスタ

セモリナ粉と卵黄で生地を作り、真空密封してなじませた後、パスタマシンで薄いシート状のパスタにし、塩水で茹でて冷水にとる。

複数のソースを合わせ複雑な味わいを工夫

トマトソース、牛・豚・鴨のミートソース、鶏モツと玉ネギを炒めた後細かく挽いたものを合わせて温めた後、ベシャメルソースと合わせて一つのソースに仕上げる。

パスタ生地からソース類まですべて自店で手作り。簡素化はせず、手間ひまを惜しまず初心を保つ

日本人の食生活にすっかり定着した感のあるイタリア料理。だが地域ごとに異なる特産と独自の料理があり、まだまだ未知の味にあふれている。2019年10月開業の『aniko』では、日本では珍しいイタリア中部マルケ州の郷土料理に特化。希少性で話題を集め、確かなおいしさで評判に。ミシュランでビブグルマンを3年連続で獲得するなど高い評価を受け、連日お客で賑わっている。

イタリアのマンマの味を手間暇惜しまず忠実に再現

オーナーシェフの井関　誠氏は、イタリアに渡り、ミシュラン二ツ星レストランなどで10年間修業。なかでも後半5年間を過ごしたマルケ州では、北と南の文化が混ざり合い、海と山の幸に恵まれて豊かな食文化が育まれている。そのマルケ州の地域に根差した家庭料理に、ミシュラン二ツ星レストランの繊細な技術を取り入れたのが、『aniko』の料理なのである。

同店を代表する料理の一つが、「ヴィンチスグラッシ　マルケのラザニア」。井関氏がマルケ州のレストランにいた時に、同僚のイタリア人から教えてもらったマンマの味がベースとなっている。各家庭でレシピが異なるが、レバーやハツなどの鶏モツが入ることが多いという。

同店では、トマトソース、牛・豚・鴨の3種類の肉を使ったミートソース、鶏モツを炒めたもの、ベシャメルソースを合わせてソースを作り、シート状のパスタと10層ほどの層状に重ねて焼き上げている。ミートソースとベシャメルソースを別々に仕立て、2種類のソースをパスタ生地の上に塗る場合もあるが、同店では事前に合わせて1つのソースにすることで、一層あたりのソースの量を減らし、薄い層に仕上げる。こうすることで重くなりすぎずに主役であるパスタの存在感が増し、

ヴィンチスグラッシ
マルケのラザニア

マルケ州で学んだ家庭の味を再現した、自家製パスタとソースを10層重ねて焼き上げたラザニア。鶏レバーとハツを使い、深い旨味が特徴的。

不変的な料理としてのマルケ州のラザニアをしっかり作ることで、ファンがつきました。

繊細で美しい断面で目を楽しませる。

パスタは自家製で、セモリナ粉と卵黄、水少々で生地を作り、手回しのパスタマシンで仕上げる。加水率低めの固めの生地で、茹で上げ後もほどよい食感が残る。

鶏モツやハーブ、スパイス類はこの料理の重要な要素だが、どちらも苦手な人がいることを考慮し、万人に好まれる味わいに仕上げている。

「ラザニアは子供から年配の方まで幅広い層に好かれている料理です。また日本人にとっての味噌汁のような、イタリア人にとって普遍的な料理の一つ。奇をてらわず、変わらないものをしっかり作ることで本質が現れ、自ずと人気メニューになったのだと思います」と井関氏。

夜の単品の他、コース中の一品や、ランチにも組み込む。事前にオーブンで下焼きしておき、注文ごとにチーズをたっぷりかけてオーブンで熱々に加熱して提供する。

伝統料理から日本の旬まで 幅の広いメニューづくり

店名の『aniko』は、マルケ州の方言で〝たくさんのものを少しずつ〟という意味を持つ。その店名の通り、アラカルトでは定番焼く30種類に加え、週替わりのおすすめメニュー数品を用意。マルケ州の郷土料理を中心に、ピエモンテやトスカーナなど他の地域のエッセンスを取り入れたイタリア料理や、日本の旬の食材を使ったオリジナルの味まで幅広く取り揃える。

イタリアから帰国後しばらくは、現地の味をそのまま再現していたという井関氏。しかしそれでは単なる再現で自己満足でしかない。次第にそう感じるようになり、目の前の食材を見つめ、食材から料理を派生させていくようになった。

マルケ州の伝統的なレシピを大事にし、ラザニアのような普遍的な料理をグランドメニューで提供。その一方、「カキと竹の子のペペロンチーノ」など、日本ならではの食材を使った旬の限定メニューも積極的に取り入れ、黒板書きで提供する。

店の料理の幅を広げることでお客も増えていき、現在友人同士のカジュアルな利用から会社の会食まで、幅広い利用を掴んでいる。

aniko
住所／東京都港区赤坂6-3-8 高松ビルB1F
営業時間／月～木17：30～24：00、金11：30～15：00、17：30～24：00、土・祝日11：30～15：00、17：30～23：00
定休日／日曜日
規模／11坪・20席
客単価／ランチ2000～3000円、ディナー8000～1万円
HP／https://www.aniko-akasaka.com/

伝統的な煮込み料理を
ソースにし
手軽でご馳走感のある
パスタ料理に

兵庫・神戸　OSTERIA BUCO BOLOGNESE

ボロネーゼ　並盛り　1200円

お客の言葉をヒントに開発し、牛ネックの塊肉がごろっと入るソースたっぷりの「ボロネーゼ」を、選べる生パスタやカスタマイズできる具材といった付加価値をつけて平均４分～５分で提供。さらに通し営業、無休、カウンターの気軽さから老若男女を集客している。

巧い　平均４～５分でスピード提供

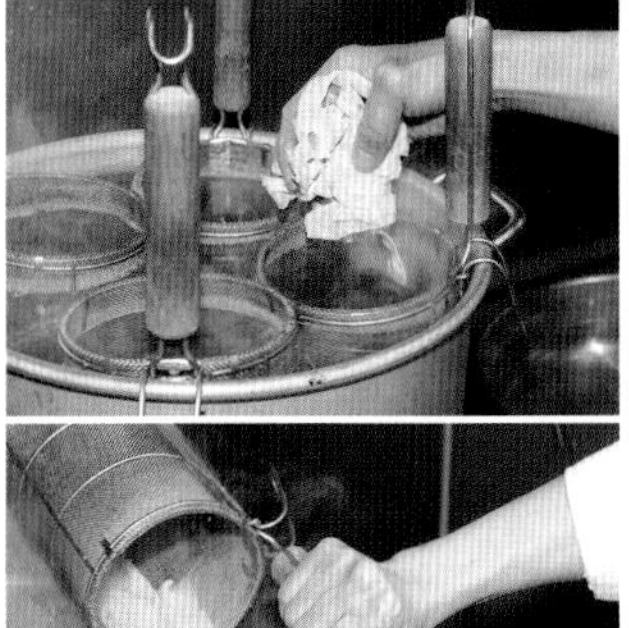

生パスタは並盛りで１食100g。麺を２～３％の塩湯で１分半茹で、ソースと合わせ、素早く提供する。

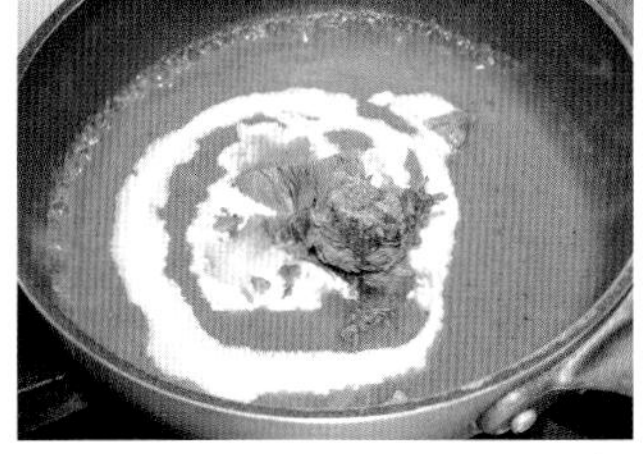

注文が通ると小鍋にソースをたっぷりレードル１杯分（220ｇ）取り、生クリームと並盛りで１食65gの牛肉を加えて加熱する。

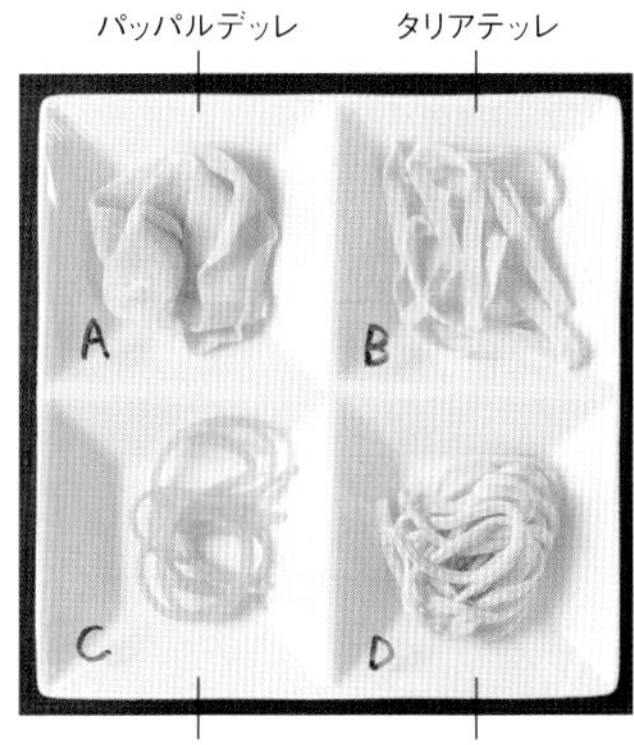

麺は煮込み料理に合うことと提供スピードを考慮し、生パスタを採用。わかりやすいよう卓上に麺の見本をディスプレイする。

旨い　ソースはたっぷり レードル１杯分を

ボロネーゼのソースのベース。表面を焼いた牛ネック塊肉と香味野菜、ハーブ、ビール、トマトを約6時間煮込む。牛ネックは取り出し、残った野菜はピューレにして味を調え、1日置く。再び加熱して写真の状態に。牛肉はコストの都合から米国産を使用。煮込み料理で出す時よりも野菜や水分を多くするなどパスタに合う調整を行う。

「ボロネーゼ専門店」「通し営業」「無休」で食べ呑み需要をつかみ、幅広い客層を取り込む

ボロネーゼ　並盛り

ごろっと入る牛ネックや肉や野菜の旨味が溶け込んだソースが生パスタに絡む。口直し感覚で添えるミルキーなマッシュポテトも好相性。好みでトッピングや麺を選べるのも特徴。

ボロネーゼとは、一般的に牛ミンチと野菜を煮込むソースを使うイタリア・ボローニャのパスタだが、神戸三宮のパスタ専門店『オステリア・ブッコ ボロネーゼ』のボロネーゼは、牛ネックの肉塊をソフリット（炒めた香味野菜）やビール、ハーブと5〜6時間煮込むロンバルディア地方の伝統的な煮込み料理をソースにしたパスタだ。

煮込んだ後、塊肉は取り出し、残った液体や野菜をピューレ状にしてから鍋に戻し入れ、1日置いて味をなじませる。取り出した牛肉は具材として使うため大きくカットし、1食分65gに分けて保存。生パスタは淡路島の淡路麺業より取り寄せ、パッパルデッレやキタッラ、スパゲッティーニ、タリアテッレの4種から選べるようにした。

オーダーが通ると小鍋にソースと生クリームを合わせて加熱し、そこに1食分の肉を投入。生パスタ（1食100g）は塩湯で1分半茹で、ソースと合わせて盛り付け、オーダーから平均4分〜5分のスピードで提供する。ポルチーニ茸やレバーペーストなど、7種類ある多彩なトッピングを追加して自分だけの味を作れる楽しみ方も特徴だ。

気軽な楽しみ方ができる一方でレストランのメイン料理をイメージしたというヴィジュアルは、直径36㎝の重厚なオーバルの皿を使用。口直し感覚のマッシュポテトを皿の縁に添え、並盛り1200円というお値打ち感とのギャップを訴求する。

ごろっと入る牛肉や手打ち麺のおいしさもさることながら、食べた際に印象に残るのは、1食分でたっぷり220g使うソースの量だ。

このソースが、思わずバゲットやワインをオーダーする欲求を掻き立て、グラスワイン490円〜という手頃さも手伝って、昼の飲酒率は約15%、14時以降は約50%〜70%、夜は約85%〜90%という高比率に及ぶ。

12坪・21席の店舗に、土日は1日通して平均130名が来店。そのほとんどのお客が看板商品の

お客様の要望をヒントに〝早い、安い、呑める〞パスタを狙いました。

「ボロネーゼ」をオーダーするヒットメニューとなっている。

お客の要望がヒットのきっかけ 視点が変わり新業態を創造

シェフの澤村潤一氏は2015年に北イタリアの郷土料理をコンセプトにした『オステリア・ブッコ』を神戸・北野に開業。そして17年3月に『オステリア・ブッコ ボロネーゼ』を展開した。同業態を決める際に要となったのは、本店で出す看板の主菜「神戸牛ネックのビール煮込み」を「パスタソースにして、パスタを食べたい」というお客の要望だった。

「パスタはパスタ、メインはメインとして食べるものだと考えていたなかで、そういう考え方もあるのか、とお客様に教えられた思いでした」

この出来事を記憶の引き出しにしまっていた澤村氏は、姉妹店開業の構想を練る際「提供が早く、お酒に合い、インパクトがあってより気軽で、お金のない若い人も来られる業態は」と考えたところ、思い出したのが前述のお客の声だ。

そこで本店名物の煮込み料理をパスタソースとしたパスタを、伝わりやすく「ボロネーゼ」と名付け、選べる具材や選べるパスタでバリエーションをつける気軽な業態に。「アイデアはお客様から、ビジネスモデルは1食で勝負するカレー店からもらった」と話す。

ボロネーゼ以外にも前菜からメインまで揃え、レストランとしても十分楽しめるメニュー構成だが「通し営業」「無休」「ボロネーゼ専門店」とすることで間口を広げ、20代〜70代までを集客。昼はパスタだけ、夕方はワイン&前菜、夜はゆっくり食事するお客などという三毛作を実現した。

現在、本店は『BAR IL GIAPONE』として生まれ変わり、澤村シェフが腕をふるう。独自の感性で作り出すイタリアンが好評を博している。

12坪・21席の路面店は、神戸・三宮の人通りが多い商店街の中という好立地。平日で1日80人、週末は130人ほどを集客。

OSTERIA BUCO BOLOGNESE
住所／兵庫県神戸市中央区三宮町3-6-11
営業時間／11：30〜22：00（L.O.）
定休日／無休
規模／12坪・21席
客単価／昼1000円〜1200円、夜2000円〜3000円

親しみやすさと専門性で
魅了する創作カルボナーラ

東京・神楽坂　カルボナーラ専門店 HASEGAWA

山椒のカルボナーラ

ランチ（サラダ付）1480円、ディナー1680円

正統派の「王道ベーコンカルボナーラ」と、独創的な創作系カルボナーラを提供する、カルボナーラ専門店。数ある創作系の中で根強い一番人気商品が「山椒のカルボナーラ」。あくまでカルボナーラとしての味わいを重視しつつ、山椒の爽やかな風味をプラス。

旨い　山椒は香りを重視

「山椒のカルボナーラ」の山椒は、香りの部分を重視し、あまり痺れを感じさせないタイプを選択。カルボナーラの味わいを活かしつつ爽やかな香りをプラスする。

巧い　トッピングでアレンジ

基本のカルボナーラは共通で、アレンジ系は仕上げに加えるバジルペーストやレモンなどのトッピングでバリエーションを出している。

旨い　味の決め手は卵とチーズ

卵とチーズ（グラナ・パダーノ）を、試行錯誤をして行きついた黄金比率でブレンド。絶妙な火入れ加減でほどよく濃度を付ける。

パスタは生麺を使用

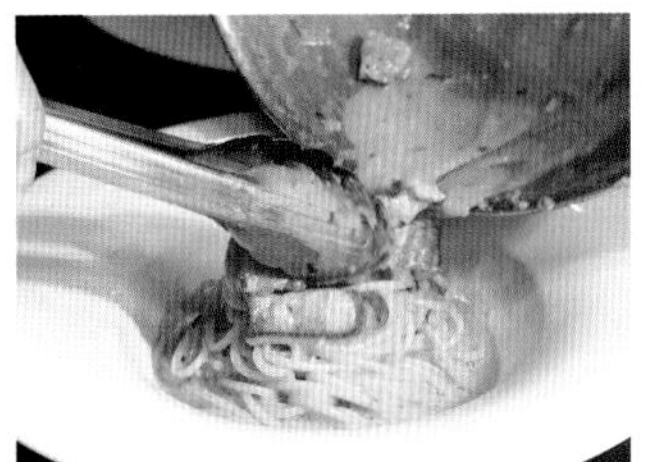

パスタは2.0㎜の生麺を使用。同店のカルボナーラに合うように、太すぎて重たくならないように、かつもちもち感がある麺を選んでいる。

チーズと卵、和のだしで作る濃厚な味わいと絶妙な火入れで作り出す絶妙な濃度

山椒のカルボナーラ
アレンジ系で一番人気の高い商品。仕上げに店で挽いた国産山椒をたっぷりとかける。爽やかな風味が加わり、濃厚ながら軽やかな味わいに。

数あるパスタメニューの中でも、日本人に特に人気の高いカルボナーラ。そのカルボナーラ好きが高じ、遂には専門店を出店したのが、東京・神楽坂の『カルボナーラ専門店　ＨＡＳＥＧＡＷＡ』店主の長谷川浩平氏だ。

イタリアンで働いていた長谷川氏は、まかないや自炊でカルボナーラを作り続け、色々な食材を取り入れてアレンジし、研究を重ねてきた。そのうちレシピ数は１００以上を超え、カルボナーラという料理の奥深さと可能性を感じた長谷川氏は、２０２０年２月に専門店を出店するに至った。

現在、店では、正統派のカルボナーラ1種類に加え、トッピングを変えたオリジナルのカルボナーラを、ランチ、ディナー共に6種類用意。専門性が高く多彩なカルボナーラが楽しめると、お客のほとんどが昼夜ともにカルボナーラを注文する。「王道」とアレンジ系の注文比率は同割だ。専門店としての位置をしっかりと掴み、常連客を着実に増やしている。

自分の理想のパスタを柱にアレンジも加え飽きさせない

同店のカルボナーラは、長谷川氏が試行錯誤を繰り返し、「食べやすい濃厚さ」にこだわって作り上げたもの。本場ローマのスタイルと同じく生クリームは使わず、チーズと卵のコクで濃厚さを表現。さらに和のだしを少量加えることで、味に深みとまろやかさを加えている。

注文ごとに、パスタの茹で上がりに合わせソースを作っていく。まずフライパンに厚切りのベーコンを入れ、弱火でじっくり炒めて香りを出し、みじん切りのニンニクをたっぷり加えてさらに過熱。途中、焦げないようにパスタの茹で汁を少し加え、火を止めてからゆで上げたパスタを合わせて和える。塩で味を調整した後、卵とチーズを混

理想のカルボナーラを突き詰め、卵とチーズの黄金比率に辿り着いた。

ぜた卵液を、火を止めたままの状態で加え、予熱である程度まで火を入れていく。最後に再度火をつけてほんの少し加熱し、濃度を調整して仕上げとなる。アレンジバージョンの場合、さらに仕上げに山椒やレモン汁をかけたりして味を変える。

「火入れが一番のポイント。失敗すると炒り玉子みたいになりますし、濃度をつけすぎると濃厚になりすぎる。一方、火入れが足りないとサラサラして麺に絡みません」と長谷川氏。ほんの数秒の違いを追求し、毎回絶妙な火入れを行なう。

専門店らしく絞り込みつつ夜は前菜・コースも用意

開業後しばらくはランチのみの営業だったが、２０２０年12月より夜の営業も開始。ランチはカルボナーラとサラダのセットのみで営業。一方夜は、単品のカルボナーラを柱にしつつ、単品で注文可能な前菜、コースも用意。「ランチと同じスタイルで営業するか迷いましたが、場所柄回転率も高くないし、１～２時間滞在してもらってお酒を楽しめるようなスタイルをと考え、前菜やコースを作りました」と長谷川氏。ただし前菜があまり重くなるとメインであるカルボナーラを食べてもらえなくなるので、軽めの内容で用意。また、コースは前菜、カルボナーラ、ドルチェの組み合わせで、それぞれメニュー内から選択可能に。さらにカルボナーラに合うアルコールも充実させ、客単価は夜２５００円を確保している。

イタリアンのスタンダードなソース・ジェノベーゼとカルボナーラを組み合わせて新たな味に。仕上げにバジルペーストをかけ、カットトマトをのせて粉チーズをかける。濃厚でクセになる味わい。

ジェノベーゼカルボナーラ
1680円

夏向けにすっきりしたものを考えてメニュー化。仕上げに生のレモン果汁をたっぷりと絞り、スライスレモンをのせる。やや軽めで食べ飽きせず、すっきりとした味わいに。

レモンのカルボナーラ
1680円

カルボナーラ専門店　HASEGAWA
住所／東京都新宿区神楽坂3-6 金井ビルB1F
営業時間／平日ランチ11：30～14：30（L.O.14：00）、
土日ランチ11：30～15：00（L.O.14：30）、
ディナー17：30～22：00（L.O.21：00）
定休日／無休
規模／11坪・24席
客単価／ランチ平日1600円、休日1800円、ディナー3000円

東京・自由が丘

ニショク

ラムカツ!!　1100円

一般に羊肉というとクセが強い印象があるが、そんな固定観念を打ち破り、あっさり食べられると人気の「ラムカツ!!」だ。揚げ物を売りにする同店をオープンするにあたり、ラム肉のおいしさを引き出すことができるカツを商品化し、注目を集めている。

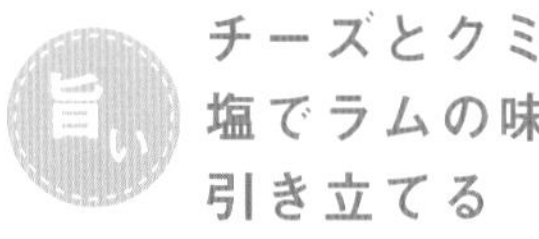
旨い　チーズとクミン塩でラムの味を引き立てる

断面を大きく見せるため、斜めのそぎ切りに。断面にミモレットチーズを削りかけ、クミン塩を添える。

巧い　特製生パン粉を使い、二度揚げで火を通す

揚げ上がりが軽い生パン粉を衣にする。180℃の油で2～3分揚げたら取り出し、2～3分休ませてから再度揚げる方法で、美しいロゼ色に仕上げる。

巧い　スジを断ち切る庖丁で食べやすい食感に

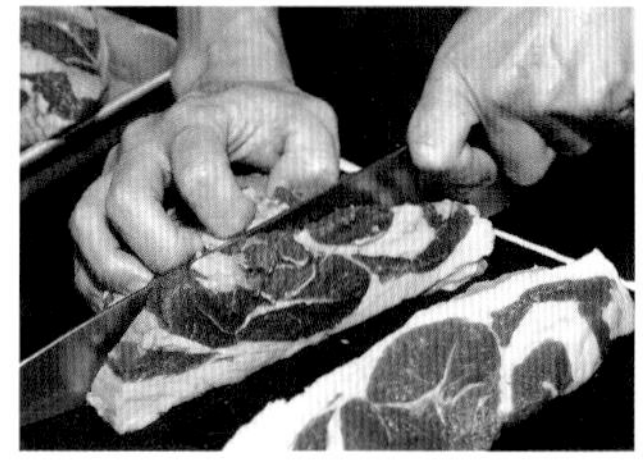
羊肉はラム（生後1年未満の仔羊）のランプを使用。食べやすいようスジを切り、120gに切り分ける。

羊肉をラムカツにしてもっと気軽に食べてもらいたいと開発しました。

本格イタリアンをベースにカジュアルに食事とアルコールを楽しんでもらいたいと、『ニショク』では、メニューの3～4割を揚げ物で構成。「揚げピッツァマルゲリータ」1100円、トマトソースの上にメンチカツをのせ、カチョカヴァロチーズをとろりとかける「特選メンチカツ」880円など、創作性の高い揚げ物メニューを用意する。「ラムカツ!!」もまた、羊肉を気軽につまめる揚げ物メニューに落とし込んだ。

パン粉と揚げ方の工夫で、ラムの風味や香り、食感を活かしていく

同店のラムカツには、肉質がやわらかく、クセの少ないランプの部位を使用。1皿分120gを厚めに切り出し、筋を丁寧に切り、塩、胡椒で下味をつけてから衣をつける。

衣のパン粉には、食パンの内側、白い部分のみで作るふんわりとした生パン粉を使用。揚げ物メニューの中で、このパン粉を使うのはラムカツのみ。他メニューと差別化するとともに、ラムの風味や香りが立つよう、揚げ上がりが軽いパン粉を選択した。

揚げ油もラードだけでは重たくなるため、ラード6に対し、サラダ油4を配合した。厚切りの肉を揚げていくため、いったん取り出して2～3分休ませ、再度揚げるという余熱の工程も取り入れる。肉の厚みによっては三度揚げにすることもあるという。二度、三度に分けて火を入れることで、美しいロゼ色に仕上げ、ラム肉本来の旨味や香りを引き出していく。

このラムの風味に合わせ、食べ味も工夫した。ラムカツはそぎ切りにして器に盛り、撮影時はラムとの相性のよいクミンを混ぜたクミン塩を添えた。仕上げに肉の断面に黒胡椒を挽きかけ、ミモレットチーズをたっぷりおろしかけ、つまみ感をぐっと高めて提供する。

現在は、皿にコチュジャン風味のマルサラソースを敷いてラムカツをのせ、クスクスとガルニを添えるスタイルに変更。鮮やかな盛り付けでも魅せる一品に進化している。

ニショク
住所／東京都世田谷区奥沢5-28-15
営業時間／平日18：00～24：00（L.O.フード23：00、ドリンク23：30）、土15：00～24：00（L.O.フード23：00、ドリンク23：30）、日・祝日15：00～23：00（L.O.フード22：00、ドリンク22：30）
定休日／無休
規模／24坪・38席
客単価／3000円
https://nishoku.jp/

シャリと具のバランスが絶妙な日本酒に合う細巻きずし

東京・立川

あてまき喜重朗

あてまき

※写真は「塩ウニ」630円、「明太子アボカド」450円、「うなぎクリームチーズ」630円、「すじこの醤油漬け」540円の盛り合わせ

店主の稲垣将午氏はアメリカの人気すしレストランで18年間板前として経験を積んだ。日本に帰り、同店を開業時に注目したのが、すしの中でも「巻きずし」だ。日本酒との相性がよい発酵食品を巻き芯に、シャリ少なめの「あてまき」のオリジナリティで人気を呼ぶ。

巧い シャリ少なめで具の味を明確に

口中で巻き芯の発酵食品の旨味が最後に残るよう、シャリを極力少なめに巻き込むのが同店の「あてまき」の考え方だ。具だけで食べるよりも調和があり、醤油なしでもおいしい酒のつまみとなる。

旨い 赤酢を加えたすし飯と香り高い海苔

すし酢に少量の赤酢を加えた江戸前のシャリと、香り高い愛知県三河湾産の海苔を使用。

日本酒に合う〝あて〟とは何かを考え、発酵食品と米を調和させました。

すしというジャンルの中でも「巻きずし」の可能性に着目し、オリジナリティあふれるメニューで注目を集めているのが『あてまき喜重朗』だ。アルコールの主力に約40種類の日本酒を用意し、その〝あて〟として着想した細巻きずしを「あてまき」と命名。

「日本酒」×「巻きずし」という、これまでありそうでなかった業態に口コミで話題が集まり、地元客だけでなく、遠方からも集客する。

日本酒との相性を考えたときに、キーワードとなったのは、「発酵食品」と「巻き芯（具）」のバランスだ。日本酒はアミノ酸の含有量が高く、醸造酒の中でも旨味の幅が広い。そのあてには、日本酒同様に深い旨味が備わった発酵食品が最もマッチすると考えた。その結果、巻き芯に漬物やチーズなど、和洋様々な発酵食品を採用し、新しい巻き物のスタイルを作り上げた。

巻き芯の旨味を余韻に残し、日本酒とのマリアージュを

また、軽くつまめるようシャリと巻き芯のバランスに注力し、極力シャリを少なめに仕上げているのもポイントだ。さらに、「トロタク」など形状のしっかりした具材を巻き込む場合と、「塩ウニ」などといったとろみのある具材によってもシャリの量を調節する。少量のシャリが全体を調和することで、口中では最後に発酵食品のコクが残り、酒を含んだ時に奥深いマリアージュを感じさせる設計となっている。

「あてまき」のラインナップは約16種類。価格帯は500円～600円台が中心で、季節の魚介を使った「本日のあてまき」、米麹や醤油を用いた山形の伝統的な発酵食品「あけがらし」や「生ハムバジル」「明太子アボカド」といった和洋の発酵ものを中心に備えている。いずれも基本的には醤油を添えず、そのままの味で楽しめる。〝あて〟として軽くつまんで食べてもらうためだ。

飲食店三店舗が連なるモダンな建物。かがまないと入れない間口が印象的だ。店内はオープンキッチンで、カウンターのみ18席で構成する。

あてまき喜重朗
住所／東京都立川市曙町1-30-15
営業時間／16：00～23：00
（フードL.O.22：00、ドリンクL.O.22：30）
定休日／火曜日
規模／8.3坪・18席
客単価／4500円

プリプリのホルモンの甘さに
もっちりとしたうどんが合う！

埼玉・桶川市

手打ちうどん　いしづか

牛ホルモンつけ汁（中）　1150円

創業は1800年代後半。130年の歴史を誇る老舗うどん店で一番人気となっているのが、モツ鍋にヒントを得た「牛ホルモンつけ汁」だ。同店のうどんはモチモチとした歯応えと粉の香りに特徴があり、ホルモンの旨味が溶け込んだ味わい深いつけ汁との相性も抜群。

旨い　ニンニクチップ、ニラで モツ鍋の味をつけ汁に

注文ごとにつけ汁を仕立てる。小鍋につけ汁用のつゆ、ニンニクチップを加えて火にかけ、牛小腸、ネギを加えて軽く煮込んだら、刻んだニラを入れた器に移し、完成。

巧い　ホルモンの食感を 活かし大きくカット

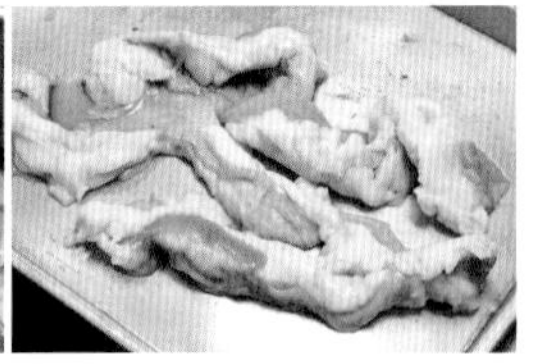

やわらかく臭みの少ない国産牛の小腸を使用し、大ぶりにカット。味をしっかり入れると身がしまってしまうため、さっと茹でて軽く脂を落とした状態で保存しておく。

モツ鍋の〆のおいしさをヒントに、うどんに合うつけ汁を開発しました。

ＪＲ桶川駅からほど近く旧中山道沿いにある『手打ちうどん　いしづか』。１３０年の歴史がある老舗だが、時代に応じて柔軟に、オリジナリティあふれるメニューを積極的に開発してきた。

四代目にあたる店主の石塚正和氏は、自店の名物メニューを作ろうと、まずは、地元で昔から食べられてきた、豚肉を使った肉汁つけうどんをヒントに、ひとひねりして牛肉のつけ汁うどんをメニュー化した。続いて開発したのが、「牛ホルモンつけ汁」だ。

力強いうどんをホルモンの旨味が溶け込んだつけ汁で食べさせる

「モツ鍋がおいしくて、これをうどんと合わせたらどうかと考えたのがきっかけでした」と石塚氏。牛ホルモンは安定して仕入れられるよう、長年付き合いのある肉店に頼み込んでルートを確保。鮮度がよく、臭みのない国産の牛小腸を使用する。

これを仕込みの段階でカットして軽く煮て、脂を少し落としてから保存。提供時につけ汁用のつゆとニンニクチップを加えて軽く煮込む。昆布やイリコ、カツオ節など複数の材料でとるだしをベースにしたつゆに、牛ホルモンの旨味が溶け込み、つけ汁の味がぐっと深まる。

ニラは火が入りすぎないよう盛り付け用の器に入れておき、ここに煮込んだつけ汁を注ぎ入れる。１人前に入る牛小腸は１５０g。プリっとした牛小腸の食感、脂の甘さを存分に堪能させるたっぷりの量だ。好みで味を変えられるよう、刻みネギとおろしショウガ、ラー油、黒胡椒をセットする。

うどんは、地粉を中心にブレンドし、もっちりとした歯応えと小麦の香りが立つような配合で打った、力強い味わいが特徴。大（６００g）、中（４５０g）、小（３００g）のサイズを用意する。

開発当初はまったく注文されなかったという「牛ホルモンつけ汁」だが、「牛肉つけ汁」「ブランド豚のつけ汁」中１０８０円、「グリーンカレーつけ汁」中１５３０円など、数々のオリジナルメニューが揃うなか、今では同店の一番人気のメニューに成長したという。

手打ちうどん いしづか
住所／埼玉県桶川市桶川市南1-7-5
営業時間／11：00～14：00、17：00～20：00
定休日／木曜日
規模／約15坪・34席
客単価／1500円

具材はレバーと
ニラのみ！
シンプルで
奥深いおいしさ

東京・北千住

ここのつ　2号店

"元祖"の
レバにら炒め　950円

鮮度抜群の鶏レバーを使った「レバにら炒め」定食の専門店。同店は9坪・11席という小規模店ながら昼40人、夜20～30人を集客。極めてニッチな業態ながら、食材の仕入れやタレの調合を追求した完成度の高さに、男性客のみならず女性客もつかむ。何よりタレのからんだ白レバーの濃厚味がクセになる。

水分を逃がさないよう片栗粉をまぶす

白レバーに片栗粉をまぶすことで、レバーの水分が抜けずにしっとりとした食感に。調味料の味もよくからみ、ご飯との相性もよくなる。

しっとりと味を含ませぷりぷりの食感に

国産鶏の白レバーを使用。ニンニク、ショウガ、酒、砂糖、焼とりのタレを合わせた中に漬け、冷蔵庫で6時間ほど寝かせ、味をよく含ませる。

究極のレバニラを提供するために専門店をオープンしました。

居酒屋で提供していた国産鶏の白レバーを使い、鮮度抜群のぷりぷりの〝レバにら炒め〟を開発。常連客に提供したところ、好評を博し、商品化に踏み切った。1年ほど提供して手応えを感じ、このメニューで専門店を作れると確信し、定食スタイルの店『ここのつ』の開業に挑戦。ほどなく行列の絶えない繁盛店に育ったことから、近所に『ここのつ　2号店』をオープンした。こちらも男女を問わず、多くのお客が訪れ、〝レバにら炒め専門店〟という独自業態の確立に成功している。

レバーの濃厚味に合わせたタレでご飯を進める味わいを作る

レバーは牛でも豚でもなく、濃厚でなめらかな身質の鶏の白レバーを使う。これをニンニク、ショウガ、酒、砂糖、焼とりのタレに漬け込み、6時間ほど冷蔵庫で寝かせ、レバーの中までしっかり味を浸透させておく。

注文ごとにボウルに120g取り分け、片栗粉をまぶす。片栗粉をまぶすことでタレの味もからみやすくなる。中華鍋で炒め、七割方火が通ったところで裏に返し、調味料を投入。オイスターソース、酒、焼とりのタレを順に加えて味をしっかりからめる。ニラは炒め上がりの直前で加えてざっと炒め合わせ、火を止めてから、醤油、ゴマ油で味を調える。

下味にも仕上げにも使用する焼とりのタレは、居酒屋で使用していた年季の入ったもの。このタレを加えることで、レバにらの味に濃厚味をプラスする。

定食には、ご飯、味噌汁、小鉢、お新香が付く。ご飯はコシヒカリとミルキークイーンを7対3でブレンド。旨味と粘りに甘みを加え、レバーの濃厚味もしっかり受け止める配合を工夫した。

お客の8割が定食スタイルで注文するが、ハーフサイズにして「元祖のレバにら半分と鶏のから揚げ三個」990円、「元祖のレバにら半分と納豆丼」990円など、他の料理と組み合わせた定食も用意。常連客も飽きさせない工夫で、リピーターを増やしている。

ここのつ　2号店
住所／東京都足立区千住東2-3-7
営業時間／10：45〜15：00（L.O.14：30）、17：00〜21：00（L.O.20：00）
定休日／日曜日
規模／9坪・11席
客単価／昼990円、夜1500円

04

20年以上愛され続ける 老舗メニュー

〈ヒットメニューの法則〉「揺るぎなさ」

長く愛され続けている老舗のメニューには、誰が食べてもどんな時に食べても納得できる絶対的な安心感がある。ただそうしたメニューだからといって、ずっと変わらないわけではなく、時代をとらえて変化していく味もある。それでもなお、期待に違わない揺るぎなさでお客を魅力し続ける店のあり方や技術には、新たなヒットメニューを生み出す学びが確実にある。

ニラの鮮やかな緑と香りが
印象的な老舗中華の名物麺

東京・根津　BIKA

ニラそば　1430円

モダンでスタイリッシュ。36年の時を経てなおそう思わせるのは、店主の小池一郎氏が上海料理の名店で培った確かな技術をベースに、日々、仕事の美しさを追求してきたからにほかならない。ニラを主役にし、香り高くやわらかな食感を引き出す温度感と、濃厚味のある肉味噌を合わせることで、佇まいも美しく味わい深い麺に仕上げている。

生のニラに温かいスープを

醤油ダレは醤油と塩、カツオ節などを合わせて沸かしたもの。余分なものを入れないことで、あっさりとしたスープの味を作る。

注文が入ったら、丼に醤油ダレを入れ、刻んでおいたニラをふたつかみ分入れる。ここに沸かした鶏のスープを加える。ニラのクセもやわらかく熱が入ることで和らぎ、爽やかな風味に変わっていく。

茹でた麺を加え、中心に肉味噌をのせる。肉味噌がスープに溶け込ませないことで、ニラの味、肉味噌の味、合わせた味と様々に楽しんでもらう。

巧い　完成形を念頭にパーツを揃える

〈スープ〉

スープは鶏のアタマとモミジを煮出したもの。臭みを取るためのネギと生姜はすぐに取り出し、アクを引きながら2時間ほど煮出す。

〈麺〉

麺はそうめんのように細く、縮れのないものを使用。澄んだスープとの相性もいい。

〈ニラ〉

茎の部分から葉先まで7～8㎜の等間隔で刻んでいく。整った切り方が仕上がりの美しさにつながる。

〈肉味噌〉

豚挽き肉は細かく挽いたものを使い、醤油、老酒、砂糖、甜面醤、鶏スープなどで調味。まとまりやすいよう水溶き片栗粉で固めのあんにする。

ニラと肉味噌あんが極細麺にからむ
ずっと愛され続ける美しく上品なニラそば

ニラそば
スープでじんわり温まるニラは臭みなく、爽やかな香りに昇華。ニラと肉味噌、するっとした極細麺、優しい鶏スープと、創業時から変わらないスタイルで提供する。

創業時（1986年）から、その姿も味も何も変えずに作り続けるメニューが、そのビジュアルの美しさから新たな脚光を浴び、新たなお客をつかんでいる。広東料理の老舗『BIKA』の「ニラそば」は、店主の小池一郎氏が修業時代に食べたまかないをヒントに生まれた。中国出身の料理人が作るまかないのニラのそばを、自身の美意識と培った技術で〝美しい〟そばへと昇華させた。現代のSNSありきのメニューではなく、きっちりと本質をつきつめれば、いつの時代にも、どんな世代にも受け入れられるメニューになることを示す好例だろう。

ニラのクセを香りと風味に変え、肉味噌をアクセントに

同店の「ニラそば」はどんぶりを覆うほどのニラと、その中心にのせられた肉味噌が特徴だ。鮮やかな緑が美しいニラと、とろみをつけた肉味噌が混ざることなく置かれた姿は品格さえ感じさせる。こうした姿の美しさは、ひとつひとつの仕事の丁寧さにある。ニラはまっすぐに等間隔で端から刻んでいく。「まかないで食べていたニラそばはもっと切り方が粗く、雑でしたが、自分はきれいなそばにしたかった」と小池氏。ニラを切るだけの単純な仕事にも仕上がりのイメージを明確に持つことで、まったく違う料理に変わるからだ。

たっぷりのニラというと、どうしてもパンチのある味をイメージしがちだが、このそばは違う。同店では刻んだニラを生のまま使い、スープの熱を加えることで、そのクセを風味と爽やかな香りに変えている。さらに、火を通しすぎないことで、シャキッとした食感も残す。

もう一つの具材、肉味噌はあっさりとしたスープのアクセントになるようやや甘めの味に仕上げる。豚挽き肉をネギ、生姜、ニンニクと炒め、醤

温かいスープが入るとニラの何とも言えない香りが立ってきます。

油、老酒、砂糖、甜面醤、スープで調味したのち、水溶きの片栗粉でとろみをつける。このとき、スープの上にのせることを考慮し、固めのあんにすることがポイントだ。固めにすることで、スープに流れでたり、溶け込んだりせずにお客に提供できる。「最初にニラでそばを食べてもらい、さらに合わせて食べてもらい、肉味噌で食べてもらい、さらに合わせて食べてもらったりといろんな味で楽しんでもらいたい」からだ。これにより、味わいも格段に広がる。

スープには、だしがよく出る鶏のアタマとモミジのみを使用。最初に臭みを取るためのネギと生姜を加えて火にかけるが、すぐに取り出し、鶏だしのみで旨味を抽出する。煮出す時間も営業前の30分ほど。途中、アクを丁寧に引くことで、雑味のない澄んだ上品なスープを取る。このスープが同店のすべての料理の味のベースにもなっている。醤油ダレは、醤油と塩、旨味調味料、カツオ節で、一度沸かしてから漉したもの。カツオ節の旨味を加えることで、味に奥行を出す。

さらに、同店のそばを特徴づけるのが麺で、業務用の中華そば麺の中でも、もっとも細く、ちぢれのないそうめんのような麺を使う。これも「きれいな細麺がいい」という小池氏の好みによる。するっとのど越しのいい細麺は、あっさりとしたスープにもよく合い、洗練されたイメージに。「ニラそば」を構成するパーツには、飾るだけのものなど余分な要素は一切ない。ニラと肉味噌、麺、スープのみの潔さだ。で、美しい盛り付けを何かを見て訪れるお客も、実際に食べてみるとニラの穏やかな味わいやそばとしての一体感に驚く。

同店の場所は、小池氏の生まれ育った地でもあり、古い町並みの残る下町だ。その住宅街の一角の静かな場所で、町中華とは一線を画す本格的な広東料理が存在。すみずみまで行き届いた仕事のされた料理は、オープン時より著名な料理家や落語家に愛されてきた。そして、「ニラそば」で新規の若いお客をつかんでいる。

レトロモダンなフォントで彫られた『BIKA』の看板が目を引く。店内は特注の松本家具、中国の骨董などが配され、ノスタルジックな空気が漂う。

BIKA
住所／東京都台東区池之端4-25-11
営業時間／11:30〜13:30（L.O.）、
17:30〜19:30（LO）
定休日／火曜日、第3日曜・月曜日
規模／16坪・24席
客単価／昼2000円、夜5000円

時流を捉えて変わり続ける
元祖・冷たいカレーうどん

東京・高円寺 さぬきや

夏野菜と米沢牛の冷やしカレーうどん -全粒粉うどん version- 1738円

うまい肴と酒を楽しみ、麺で〆る。昭和39年の創業以来、こうした楽しみを知る大人客で愛されている『さぬきや』。二代目の近藤康浩氏は、常に時代に合わせた味づくりを意識し、新しい味わいを作り出す。20数年前に開発した冷やしカレーうどんも、大きくスタイルを変えながらも今なお多くのお客を引き付けている。

旨い 一つ一つの野菜の持ち味を引き出す

低温で塩茹でする米沢牛のたたき、だしに浸す冬瓜、甘酢漬けのミニトマト、フェンネルで風味を付ける日本キクラゲと、丁寧に作る具材の贅沢さも魅力だ。

つけ汁は器に入れてからクミンを振りかける。直前にクミンシードをすりつぶし、香りを立たせることで爽やかな一皿の印象を深める。

巧い ヨーグルトスープベースのつけ汁

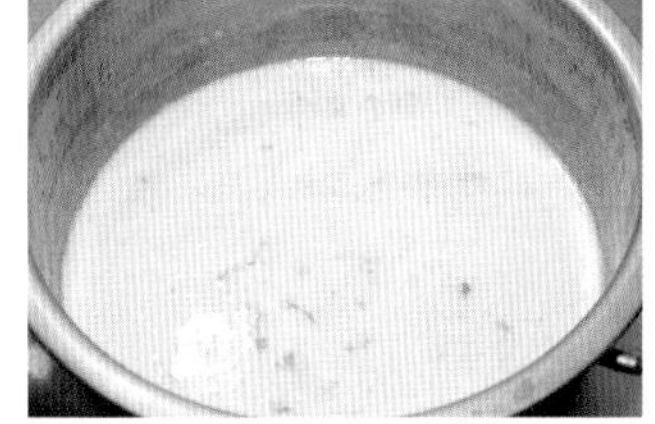

つけ汁のベースのだしはヨーグルトスープ。イリコと昆布、貝でとっただしにとろみをつけ、トマト、おろしニンニクを加え、冷ましてからヨーグルトを加える。カレーの辛味に負けないよう濃厚な味に仕上げている。

生地にはスーパー大麦と全粒粉を練り込み、つけ汁の乳酸菌×食物繊維で腸内環境を整え、免疫力アップの効果を狙う。手打ちで使う分をその日に打つ。

巧い 炒ったカレー粉の焦げ味も味にする

注文が入ってからつけ汁を仕上げる。カレー粉は炒ることで劇的に風味が変わると、最初にじっくり煎り上げ、カレー粉の焦げ味も味にする。

スパイスが黒っぽくなるまで炒ったら、サラダ油を加えて油に溶かし込み、すりおろしたニンニクを加える。

少量のだしを加えてのばし、炒っていないカレー粉と唐辛子を加えてスパイシーさをプラス。氷水にあててよく冷やしておく。この間にうどんを茹で、具材を準備する。

注目の〝乳酸菌×植物繊維〟で免疫力アップをテーマにした冷やしのカレーうどん

夏野菜と米沢牛の冷やしカレーうどん―全粒粉うどんversion―

20年以上前に開発した〝冷たい〟カレーうどん。ブラッシュアップを重ね、現在は免疫力をテーマにヨーグルトを使ったつけ汁で食物繊維豊富な全粒粉うどんと豪華な具材を食べさせるスタイルに。

創業1964(昭和39)年の老舗うどん店の二代目店主・近藤康浩氏は「うどんは茹で立てがいちばんおいしい」と、茹で上がりを待つ間の〝うどん前〟を充実させてきた。現在は、季節感あふれる料理と〆のうどんを組み込んだコース(全6品4797円、全8品6493円、全10品8888円)が人気で、厳選した日本酒とともに楽しむお客が多い。その一方で独創性のあるうどんでも新しいお客をつかんでいる。

その一つが、20数年前に開発した「冷やしカレーうどん」だ。開発当初、他にはなかった冷たい冷やしカレーうどんの珍しさもあって、お客の食いつきもよく、夏の限定メニュー(7~9月)として定着した。ただし、現在の冷やしカレーうどんのスタイルは当時と大きく違う。

「毎年毎年、何らかの気づきがあるんです。それを反映させてきました」と近藤氏。初期のスタイルはうどんにカレーつゆをかけるぶっかけスタイル。カレーつゆは薄力粉、カレー粉を炒ってサラダ油となじませ、かけ汁と合わせた。冷やしても固まらないよう動物性の油脂は使わず、小麦粉の割合も工夫した。

ここに数年前にヨーグルトの要素が加わった。ヨーグルトスープで作るカレーのつけ汁は、知人からトルコ料理のヨーグルトスープがとにかくおいしいと聞いたことがヒントになった。ヨーグルトを火にかけずに作るトルコのスープは、乳酸菌がそのまま生きている。

糖質制限、グルテンフリーなど、小麦粉を原料にするうどんには不利な情報があふれるなか、近藤氏は製法の特許も取得し、ビタミンや食物繊維が豊富な全粒粉うどんを開発していた。オーストラリアで開発された、スーパー大麦も配合する。

ちょうど腸内環境を整えることが免疫力アップにつながるといわれ始めた頃。ヨーグル

毎年マイナーチェンジを重ねることで元祖の魅力を進化させていきたい。

トの乳酸菌とうどんの食物繊維で免疫力アップの効果が期待できる。「この時代だからこそ食い物屋にできることがあると考えたとき、有効な栄養摂取の手助けができないか」と〝免疫力〟をテーマにしたのが現在のスタイルだ。

ヨーグルトとカレー、だしが一体となり、まろやかな味を作る

栄養面ばかりではない。その日使う分をその日に打つうどんは、モチっとした弾力となめらかさがあり、粉の滋味が存分に味わえる。うどんとのバランスを図り、つけ汁もまろやかな味わいに仕上げている。前述したように、つけ汁のベースはヨーグルトスープ。イリコと昆布の基本のだしに貝のだしを合わせて旨味を強め、トマトの酸味を加えて味に深みを出す。冷やしてからヨーグルト、ニンニク、スパイスなどを加える。

ここにカレー粉を合わせるのは注文が入ってから。香ばしさを損なわないよう、注文が入ったらカレー粉を炒り始める。カレー粉を黒っぽくなるまで炒めると、香りや風味が劇的に変わるという。この焦げ味や苦味も味にする。充分に炒めたところで、サラダ油に溶け込ませ、おろしにんにく、だし、追加のカレー粉、唐辛子で味を調える。

これをすぐに冷たく冷やし、ヨーグルトスープを少しずつ加えて混ぜ合わせると、両者が調和し、まろやかさが生まれる。最後にすりつぶしたクミンを振り、爽やかな香りも添える。

うどんの上には米沢牛のたたきや色鮮やかな夏野菜をのせ、具材だけでも日本酒やワインが楽しめるよう工夫が施されている。米沢牛のたたきはカタサンカクの部位を使用し、低温でゆっくり塩茹でにし、ほどよく塩味を入れている。玉ネギはサワークリームとイリコの旨味塩で和えたもの。日本キクラゲはフェンネルで風味付け、オクラはおひたし、トウモロコシは低温で蒸して甘みを引き出すなど、すべて手をかけて仕込まれる。

うどんだしに欠かせないイリコは極上のものを使っている。そしてだしを取ったあとのガラは杉並区の有機栽培農家の元へ。これを肥料として使ってもらうことで、食物の有効的な循環を生み出す。こうした取り組みがうどん店を守ることにつながると考えているからだ。

さぬきや
住所／東京都杉並区高円寺南4-38-7
営業時間／18：00～23：00（L.O.22：30）
定休日／日曜日
規模／27坪・27席
客単価／8000円
HP／http://www.koenji-sanukiya.com/

鴨だしベースの濃厚ダレで
稲庭うどんの概念を覆す！

東京・新橋　**稲庭うどん　七蔵**

稲庭うどん 七蔵特製スープつけ麺 ＋ミニ丼ぶりのセット　中セット 1500円

稲庭うどんといえば乳白色の美しさ、のど越しのよさから、和食の〆など上品なイメージが強い。『稲庭うどん　七蔵』では濃厚味をとことん追求したスープと、豊洲から仕入れる新鮮魚介のミニ丼ぶりの魅力で、お客の胃袋をがっつりつかんでいる。

旨い　鮮度抜群の海鮮丼で魅力アップ

セットのミニ海鮮丼の中で一番人気は「ばらちらし丼」。具はマグロ、エンガワ、イカ、サーモン、カニカマ、キュウリ、玉子焼きをだし醤油で調味する。

大きめの茶わんに盛った白飯の上に具をたっぷりと。最後にイクラも散らし、ボリュームと質の高さにお客の満足感も高まる。

巧い　蒸らしの時間で芯まで火を通す

秋田県稲庭町の「後文」に特注する麺を使用。鍋の中に金ザルを重ねた中で、麺と水の量のバランスを取りながら茹でる。

茹で時間は約4分。湯で上がったら金ザルごと取り出し、約20秒蒸らす。この時間により、麺がふっくらと芯まで火が通る。

蒸らし終わったら流水でよく洗ってぬめりを取り、氷でしっかりしめる。

うどんの盛りは大（約500g）、中（約400g）、小（約300g）の3種類。大中小の盆ザルで量が決まり、ザルいっぱいに薄く広げて盛る。

旨い　鴨の旨味を凝縮したスープ

写真上が〝もと〟と呼ぶスープのベース。鶏ガラ、鴨ミンチ、玉ネギ、ニンニクなどを煮込んだものを冷凍しておき、カツオと昆布でとっただしで割り、醤油、味醂、練りゴマで調味する。

巧い　オイルで麺とのからみをよく

歯触りと香りのよいミョウガとネギを刻み合わせておき、器にたっぷり入れる。

オリーブオイルを少量加えてからスープを注ぐ。オイルが加わることで麺とのからみがよくなるという。

鴨肉と香味野菜を煮込んだ〝もと〟に、和風だしや練りゴマを加えた濃厚スープで記憶に残る味を作る

稲庭うどん
七蔵特製スープつけ麺＋ミニ丼ぶりのセット　中セット

昼のみで１日300食以上を売る大人気の稲庭うどん。鴨肉や野菜を煮出した〝もと〟をベースに作る旨味深い濃厚スープの魅力で引きつける。

サラリーマンの聖地ともいわれる新橋駅前のレトロなビル2階で、わずか昼の3時間半のみの営業で３００食を売る『稲庭うどん　七蔵』。創業者の葛西剛男氏は42年前に同ビルに天ぷら店を開業したが、場所的に天ぷらでは無理があると、「何かないか」と探して出会ったのが稲庭うどんだった。「これはすごいうどんだなと衝撃を受けたんです。ただ、このまま東京に持っていっても受けないだろうと思いました」。

シンプルなつけ汁やかけ汁で食べさせる現地の稲庭うどんではインパクトが弱い。濃い味を好む東京の人に受け入れられる味をと濃厚さを追求していった。

そして生まれたのが鴨や鶏、野菜などの旨味が凝縮された濃厚スープだ。このスタイルが完成したことで、葛西氏の60歳の節目の年に、同ビル２階の40坪70席の大規模店へ移転し、リニューアルオープンした。

鴨と鶏、昆布、カツオ、野菜と幾重にも旨味を重ねてスープに

一度食べたら忘れられないスープの濃厚味は２段階の工程を経て生まれる。まず、同店で〝もと〟と呼ぶベース。これは、鴨ミンチ肉、鶏ガラ、香味野菜をどろどろになるまで煮込んだもの。鴨肉も玉ネギやニンニクなど野菜も汁に溶け込み、そのエキスが味になる。ただし、鴨の脂をそのまま残すと、全体の味が鴨の味になって負けてしまうため、煮出しながら脂はきれいに取り除く。これを漉したものが〝もと〟で、小分けして冷凍。

続いて、スープの仕上げに使うだし。こちらは昆布と厚削りのカツオ節から抽出し、ここに〝もと〟が入り、薄口醤油、濃口醤油、みりん、練りゴマを加えて、味を調えて特製スープが完成する。

ただし、スープは決して完成形ではない。試行

東京の好みに合わせ、現地の味をより濃厚に変化させてきました。

錯誤を繰り返し、その時々でベストな味を作りだす。これまでには、フォアグラをミンチにして加えたこともあるという。変わらない味でなく、変わっていく味。それでもなお、お客が離れないのは、その時々の完成形が、ここでしか味わえない、記憶に残るスープだからだ。

稲庭うどんは、秋田県稲庭町の製造者「後文」に特注し、稲庭うどんのなめらかさ、のど越しのよさを生かしながら、よりコシが強く、のびにくく、茹で時間も短くなるよう配合や製法を工夫してもらった。大鍋で4分茹で上げ、ふっくらと芯まで火を通すため、約20秒の蒸らしの時間を設定。蒸らしてから流水で洗い、氷でしめる。

盆ザルはうどんの盛りに合わせ、大中小の3種類を用意。大は約500g、中約400g、小約300gを薄く広げて盛り、つややかな乳白色のうどんを美しく見せる。この麺とスープのからみをよくするために、盛り付け時にスープにオリーブオイルを加える。スープに加えるトッピングは、5月～9月はミョウガ、10月～12月はなめこ、1月～4月はフキノトウと変えていく。

「飲食店はセカンドが大事なんです」と葛西氏。それが同店ではセットで付けられる「ミニ丼ぶり」にあたる。材料は豊洲市場から直接仕入れ、6種類の海鮮丼を用意。ミニとはいえ、たとえばマグロづけ丼は分厚い切りつけで食べ応えも十分。多彩な具材で彩りよく盛りつけるばらちらし丼は日に200食も出るという。

温麺＋ミニ丼ぶりのセット
中セット　1500円

温かいかけうどんも用意。つけうどん同様、麺とのからみをよくするため、オリーブオイルをかけて仕上げる。たっぷり刻みミョウガ、ネギで食感をプラス。

マグロの分厚い切りつけが人気の「まぐろづけ丼」と「山かけ月見丼」。マグロは豊洲市場でなじみの店4～5か所から買い、毎朝15kgを切りつける。"づけ"も"山かけ"も注文ごとにだし醤油にくぐらせて盛る。

稲庭うどん　七蔵
住所／東京都港区新橋2-20-15
新橋駅前ビル1号館2階
営業時間／11：00～15：00
定休日／土曜日、日曜日、祝日
規模／40坪・62席
客単価／1250円
HP／https://nanakura.co.jp/

そばも鴨汁もたっぷりの
満足感で１日100食を販売

埼玉・川口市 **お蕎麦や 杉うら**

特盛鴨汁せいろ 1530円

創業昭和39年の老舗そば店『お蕎麦や　杉うら』の大ヒットメニューが特注の大せいろに、通常のせいろ２枚分を盛る「特盛鴨汁せいろ」だ。「特盛」は、2000年頃に創業者の杉浦晨雄氏が開発。「おいしいおそばをお腹いっぱいに食べてもらいたい」という思いのこもったそばだ。その思いを二代目の現当主・杉浦達雄氏が引き継ぎ、「特盛」にメニューが集中するよう商品をブラッシュアップさせた。「杉うらといえば特盛鴨汁せいろ」と看板メニューとしての認知度も高まり、遠方からもお客を呼ぶ。

巧い　つるつるとのど越しのよさを重視

特盛は１人前300g。毎日打つそばは石臼粉に更科粉も加え、のど越しのよさを追求。作業効率を重視し、角型の茹で釜を採用。氷を張ったシンクの冷水でしっかりしめる。

旨い　クセがなく上質な京鴨を使用

鴨は各地の鴨肉を食べ比べ、歯応えが適度にあり、クセや臭みがない京鴨を採用した。営業前にスライスし、１人前50gでまとめて保存する。

同店ではもり汁とかけ汁を合わせた"鴨汁専用"の汁を用意。注文が入ったら小鍋に取り、豆腐やゴボウ、ネギを入れて火にかけ、煮立ってきたら鴨肉を加える。

仕上げに落とすのは鴨の脂。濃いめの汁にこの脂が入ることで、コク、甘みがさらに増す。

巧い　１人前ずつ具材をセット

注文から提供まで２分を実現するため、営業前に具材は１人前ずつ小分けしておく。これにより、材料を取り出す時間が大幅に短縮される。

せいろ2枚分のボリュームも鴨のコクと旨味が溶け込んだ鴨汁で最後までおいしく食べさせる

特盛鴨汁せいろ

「お腹いっぱい食べてもらいたい」という先代の意志を引き継ぎ、特盛を店の看板に打ち出したところ大ヒットメニューに。一番人気の鴨汁は味わい深い京鴨を使い、濃厚だしで食べさせる。〆のそば湯でしっかり飲み干すお客が多い。

週末には400人もの集客を誇る『お蕎麦や杉うら』。その鍵となったメニューが、特注の大せいろに、通常のせいろ2枚分を盛る「特盛鴨汁せいろ」だ。開発当初はそれほどのヒット商品ではなかったが、商品全体の構成を見直すことで「特盛」に注文を集中させることに成功した。

せいろ2枚分を最後まで美味しく食べさせる汁の味

特盛のそばは通常のせいろの2枚分で、約300g。これを男性客だけでなく、女性客や年配客の多くがペロリと食べていくという。「うちはそばの産地や香りにこだわるような高級タイプのそば店ではありません。ちょっとご馳走を食べたいときに気軽にリーズナブルに、50代、60代のお客様でも週何度でも食べてもらえるようなそば店なんです」と達雄氏。

そば粉は産地にこだわらず、外国産も使う。これを自店で石臼で挽き、更科粉をブレンドすることで、白く美しくのど越しよく食べられるそばに打つ。昼と夜の営業前には必ずそばを打ち、挽き立て、打ち立て、茹で立てのおいしさを味わわせる。「鴨汁でつるっとそばを食べてもらいたい」という狙いがあるからこそ、そばに強い個性を持たせず、するする食べ進められるそばを打つ。

つけ汁の鴨汁にも、この量を食べさせるだけの工夫がある。確かに鴨汁だけを口にしたお客の最初の印象は「濃い」。しかし、そばを食べ進めるにつれ、汁が薄まり、ちょうどよくなっていく。食べ始めは汁にそばの先をちょっとつけ、徐々に汁にどっぷりとつけてと、食べ方にも食べ味にも変化をつけながら味わえる。そして、〆はそば湯。提供時にそば湯用の器も添えることで、そば湯にも楽しみがあると、お客の満足感は満たされる。

さらに、「特盛鴨汁せいろ」は注文から提供ま

鴨汁でつるっとそばを、そば湯で だしの旨さを味わってもらいます。

で約2分。このスピード感が、お客に〝待つ〟というストレスを与えないために、オペレーションを見直しながら実現したものだ。

鴨汁の具材はスライスした鴨肉にささがきごぼう、焼き豆腐、焼きねぎ、えのき茸、甘く煮た干し椎茸で、すべて営業前に仕込んでおく。鴨肉だけでなく、様々な具材が入るボリューム感も魅力で、これもそばを食べ飽きさせない要因だ。この具材を容器に1人前ずつ小分けしておくことで、鴨肉以外の具材を一気に投入できる。

また、ベースの汁も辛汁、甘汁とは別に〝鴨汁〟専用の汁も用意する。これを特盛で360cc、普通盛で270ccを鍋に取り、具材を入れ、一呼吸おいてから鴨肉を入れ、最後に鴨の脂でコクと甘みをプラスする。鴨肉はクセや臭みを感じさせない京鴨を使用し、1人前50gを火が入りすぎないよう、ひと呼吸をおいてから加える。

汁の作業が進む間に別のスタッフがそばを茹で上げ、ヌメリを取り、化粧水できれいに仕上げ、大せいろにそばを広げていく。大せいろを採用したのは、うずたかく積まれたそばより、平らかに美しく広げたほうが上品な印象を与え、食欲もそそると考えてのこと。

こうした商品価値を高める工夫とオペレーションの効率化により、大ヒットメニューを作り出し、大繁盛を誇っている。

特盛天ぷらせいろ　1740円

「特盛鴨汁せいろ」と人気を二分する、特盛のそばに大海老1本とサツマ芋、南瓜、ナス、しし唐の天ぷらが付くメニュー。綿実油にゴマ油でほどよく香りを付けた油でカラリと揚げ、花を咲かせた天ぷらのご馳走感で、ちょっといいものを食べたい層にアピールする。

外の大看板やのぼり、暖簾でもコンセプトを伝える。店主の娘さん考案のキャラクター「特かもくん」も「特盛鴨汁せいろ」がモチーフ。

お蕎麦や 杉うら
住所／埼玉県川口市蓮沼255-1
営業時間／11:00～15:00、17:00～20:30
定休日／火曜日、水曜日
規模／51坪・70席
客単価／昼1400円、夜2000円
HP／https://osobaya-sugiura.com/

独自の工夫を重ねて差別化。
「安くてうまい」鴨せいろ

神奈川・横浜市　鴨屋 そば香　妙蓮寺本店

鴨せいろ　ご飯セット　1580円（単品1380円）

鴨のスライス肉と鴨つくね入りのつけ汁と自家製そばを組み合わせた「鴨せいろ」。つけ汁は、かけ汁をベースに、鴨ガラや鶏の皮、筋などでとった「鴨のだし」を加えて旨味やコクをアップ。セットのご飯には、つけ汁をかけてお茶漬け風に楽しんでもらう。

ご飯につけ汁で二度楽しめる

ご飯には、刻み海苔、三つ葉、ワサビ、蕎麦の実のあられをのせ、漬物を添えて提供。つけ汁をかけてお茶漬け感覚で楽しんでもらう。

仕上げに片栗粉でとろみをつけたつけ汁が、しなやかなコシのそばにしっかりと絡み、鴨の旨味を存分に感じさせる。

旨い

かけそば用のつゆをベースに使用

〈鴨せいろのつけ汁〉

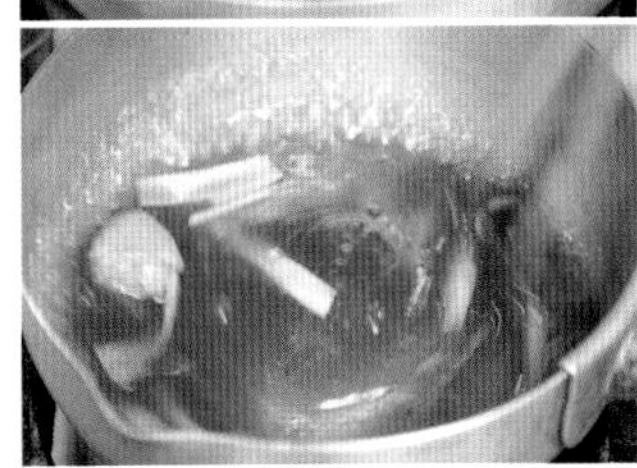

オーダーごとに、かけそば用のつゆを鍋に入れて火にかけ、鴨だしと鴨つくねを加える。仕上げにネギを加え、片栗粉でとろみをつける。

焼くときに出た脂ごとつけ汁に入れることで、味に深みが出る。

旨い

鴨の多彩な旨味を組み合わせる

〈鴨だし〉

鴨ガラ、鶏の皮とスジ、昆布、椎茸、玉ネギなどを入れ、沸かさないようにして12時間×2日間かけて煮出す。

〈鴨つくね〉

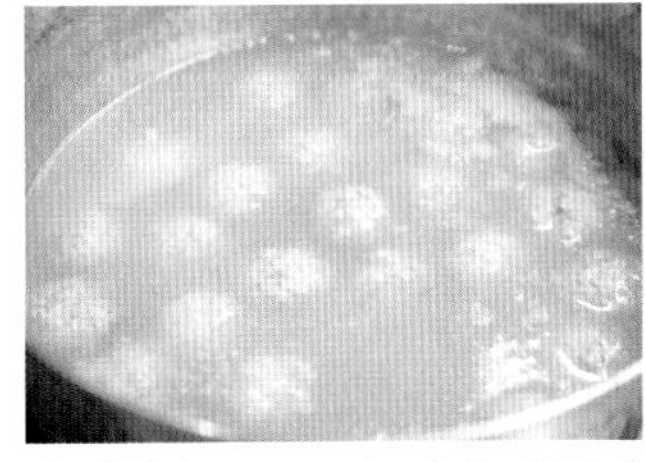

鴨の挽き肉、ニンニク、生姜、玉ネギなどを合わせて丸め、茹でてから水気をきり、冷ましておく。

〈鴨肉〉

特製のタレにつけた鴨ロースのスライス肉を、フライパンで焼く。

鴨せいろの商品力を磨き上げ 価格と味わいで地域を代表する繁盛店に

鴨せいろ　ご飯セット

移転前からの看板商品。鴨のスライス肉とつくねが入ったつけ汁とそばに、ご飯が付くセット。そばは１人前170gで、食べごたえもしっかりと出す。

しっとりやわらかな鴨肉や鴨つくねが入った、具だくさんのつけ汁。風味豊かなそばをくぐらせると、とろみのあるつけ汁がよく絡み、鴨の濃厚な旨味が口いっぱいに広がる。

この「鴨せいろ」を看板商品に地元で愛されているのが、神奈川・妙蓮寺の『鴨屋　そば香』。35坪52席の店舗で平日3回転、週末4回転という繁盛店である。

「鴨せいろ」は、1日40～50食を売る一番人気のメニュー。店主の加藤和巳氏が味づくりでまずこだわったのは、つけ汁に合う鴨肉の選定だ。火を入れてもやわらかく、臭みが少なくて旨味のある鴨肉を厳選し、現在は千葉県産の鴨肉を使用している。

また、つけ汁の作り方にも、「うまい」を実現させるための工夫が多数ある。一般的なそば店では、かけ汁ともり汁の2種類をだしから別々に仕込むが、同店ではロスをなくすためにかけ汁をすべてのそばのベースにし、メニューのバリエーションを組んでいるのだ。

かけ汁は、昆布、椎茸、宗田節、サバ節、本カツオ節などでとるだしと、醤油やみりんなどで作る本がえしを合わせたもの。もり汁はこのかけ汁に、専用の「もりがえし」を加えて作る。「鴨せいろ」のつけ汁も、かけ汁をベースに鴨のだしを加えて仕上げている。鴨のだしは、鶏肉の皮や筋を加えることで、旨みやコクをアップしている。

そばは自家製で、本店近くの製麺スペースで、系列店の分もまとめて製麺している。そば粉7割に小麦粉3割を加えることで、つるっとのど越しがよく、しなやかなコシを実現。さらに、北海道産のそば粉に、丸抜きで仕入れて店で挽く粗挽きのそば粉を加えることで、コストを抑えながらも豊かな風味を出している。

さらに鴨の旨味が溶け込んだつけ汁を存分に味わってもらいたいと、「鴨せいろ」に合わせてご

鴨肉の調理法や味つけ、だしのとり方などに、工夫を重ねました。

飯のセットを用意。ご飯に刻み海苔、三つ葉、ワサビ、そばの実のあられをのせ、漬物を添えて提供するもので、つけ汁をご飯にかけて食べるのがおすすめ。「鴨せいろ」を注文するお客の4割が、ご飯セットを注文する人気だ。

店の規模に応じた商品づくりで5坪と35坪の店両方を繁盛に導く

『そば香』は、居酒屋や割烹、そば店で経験を積んだ加藤和巳氏が、妙蓮寺駅から徒歩1分の場所に２００８年7月開業。わずか5坪でカウンター席6席のみという店舗で営業するため、メニューを絞り込み主力に据えたのが「鴨せいろ」だった。「そばの味だけで勝負するのではなく、これまでの自分の経験も活かして、そば店らしい商品を作りたいと考えました。鴨せいろは、つゆや鴨肉、その他の具など工夫できるポイントが多く、差別化しやすいメニューだと以前から注目していました」と加藤氏。

さらに、一般的には１０００円を超える高額メニューである鴨せいろを、当時１０００円以下で提供するというこだわりにも、勝算があった。白ご飯とのセットも、厨房が狭く、丼ものを出す余裕がないなかで、苦肉の策から生まれたものだ。

安くておいしい鴨せいろは評判となり、オープン3か月目には行列ができるようになり、その後7年もの間繁盛が続くこととなる。人気が定着するにつれ、鴨せいろ以外のメニューを望む声も増えたことから、「つけ鴨カレー蕎麦」や「冷たい鴨南蛮」など、無理のないオペレーションを意識しながら、鴨そばのバリエーションを増やしていった。鶏ガラスープを隠し味に加えた「親子丼」も、そうした中から生まれた人気メニューだ。

２０１５年9月、これまでの店舗の裏側にあたる現地へ移転。客席は52席へと増えたことから、これまであえて絞り込んでいたメニュー数を大幅に増やし、一品料理も導入。家族客や酒客も新たに取り込み、売上もさらに伸張した。さらに多店舗化にも積極的に取り組み、現在4店舗を展開し、２０１９年5月には、新業態の『そば　うどん加島』を白楽にオープンするなど、その勢いは止まらない。

鴨屋 そば香　妙蓮寺本店

住所／神奈川県横浜市港北区菊名1-3-8
コーポ静河1F
営業時間／11：00～15：30、17：30～23：00
※土・日・祝日は、11：00～23：00
定休日／無休（不定休あり）
規模／35坪・52席
客単価／1200～1300円
HP／http://sobakou.com/

セリとそばの相性のよさに着目。季節限定で1日100食売る名物に

東京・銀座　泰明庵

せりかしわそば

1300円

セリといえば、きりたんぽ鍋やせり鍋など、郷土色の強い素朴な野菜のイメージがある。香り高く日本的な情趣を持つセリは、好きな人にはたまらない素材だ。銀座の老舗そば店『泰明庵』では、セリを主役にした「せりそば」が大人気で、季節には1日100食以上を売る。

時間差で根、葉を汁に入れ、シャキシャキと食感を活かす

かけ汁に鶏肉を入れて火にかけ、煮立ったらセリの根を入れる。再度煮立ったら葉を入れ、すぐにそばの上に。シャキッとした食感が身上。

秋田、宮城産のセリを1日120把以上仕入れる

「せりそば」はセリのおいしくなってくる9月～3月にかけて提供。豊洲市場の青果店から主に香り高く、根まで食べられる秋田産と宮城産のセリを仕入れる。

香りの強いセリとそば。思いつきでまかないから生まれた一杯です。

1955（昭和30）年創業の『泰明庵』は、そばにうどん、丼、刺身、つまみと常に100種類以上のメニューを揃え、銀座の地で70年近く、時代やお客のニーズに応えてきた。二代目の店主の江端貞夫氏は現在、76歳。姉で女将・81歳の濱野照子氏とともに店を回し、今も新メニュー開発に余念がない。看板メニューの「せりそば」も研究熱心な江端氏の思い付きから生まれたメニューだ。「セリを使うきりたんぽ鍋があるように、醤油のだしにセリが合わないはずがない」と、おひたしなどで出していたセリをそばにのせてみたところ、これが好評で、定番メニューとなったという。

セリの香りと食感も活かし、さっと火を通す程度で仕上げる

セリはそば1杯に1杷とたっぷり使う。セリの食感と香りを活かすべく、葉はほんの少し火を入れる程度にし、生かと見紛うくらいの青々しさとシャキシャキとした食感を残す。かけでも、もりでも提供し、かけではかけ汁で、もりではもり汁でさっと火を通す。根の甘さや食感のおいしさを知る人も多く、根っこを使うのも基本。そばのほか、うどんでも提供するが、「セリの香りが強いから、香りのあるそばの方が断然合う」と江端氏。具はシンプルにセリだけを味わえる「せりそば」1100円、鶏肉が入る「せりかしわ」1300円、豚肉が入る「せり肉」1300円、「せりカレー」1400円とバリエーションがある。

なかでも、昆布と本ガツオ節、サバ節のだしをベースにかえしを合わせたかけ汁に、鶏のだしが溶け込んだ「せりかしわそば」が人気だ。旨味が深まった汁にセリの香りが絶妙にマッチする。

毎日打ち、茹で立てで供するそばは1人前でお腹いっぱいのボリューム。実直さと親しみやすさで老舗の味を守っている。

泰明小学校近くに1955年から店を構える老舗。古さが残る路地に昔ながらのそば店の趣きで、昭和にタイムスリップしたかのような空間も魅力だ。

泰明庵
住所／東京都中央区銀座6-3-14
営業時間／月～金11:30～21:00（L.O.20:20）、土11:30～15:00（L.O.14:20）
定休日／日曜日、祝日
規模／約15坪・52席
客単価／昼1000円、夜3000円

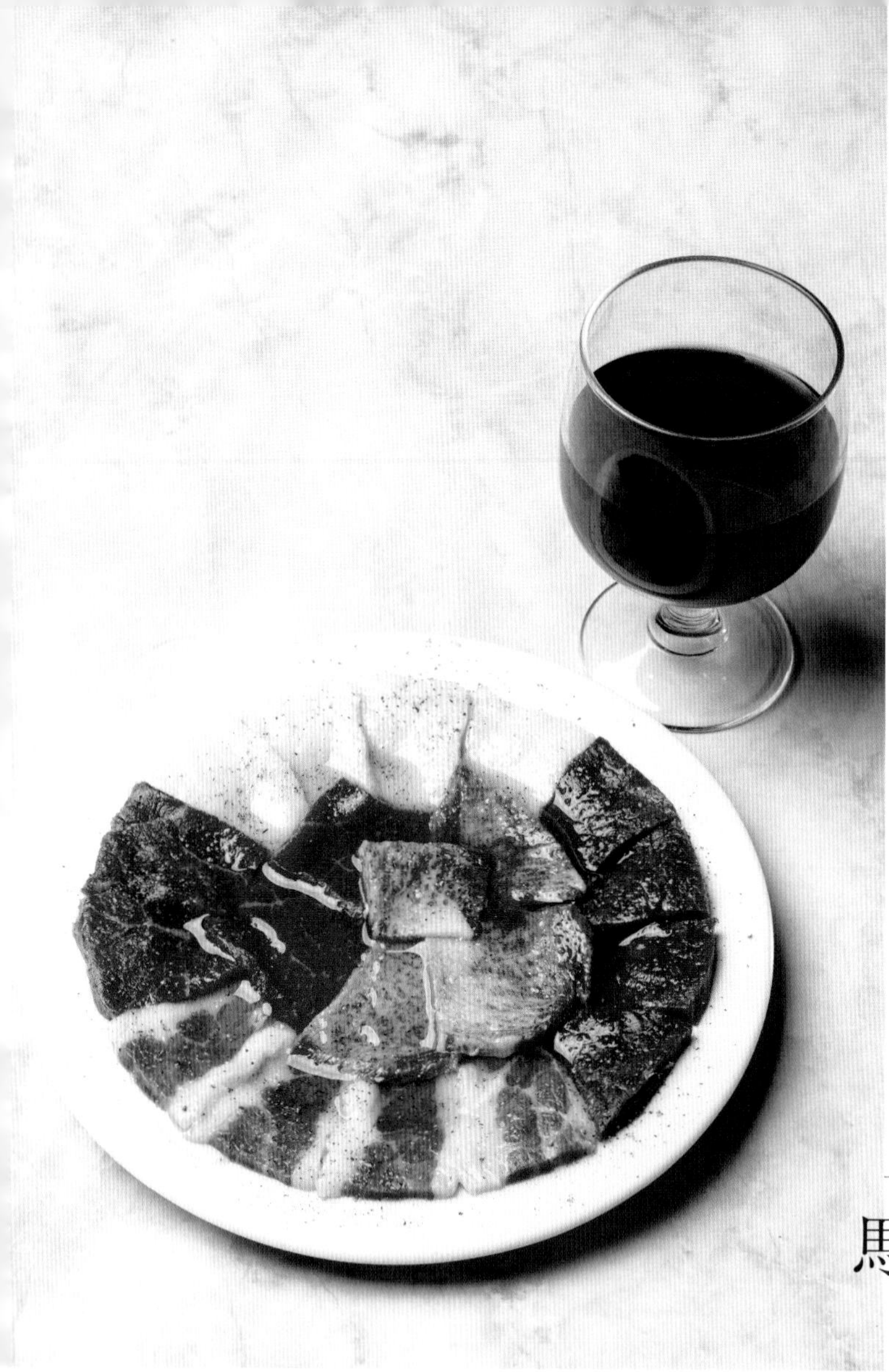

馬肉の多彩な部位を刺身のように供するカルパッチョ

東京・恵比寿

FREGOLI

馬肉のカルパッチョ

3500円

タン、ハツ、バラ、ヒレ、タテガミと５種類の異なる部位を一皿に盛り込んだカルパッチョ。来店客のほとんどが前菜として注文する。素材のよさを生かし、塩、胡椒、オリーブオイルのみで調味する。

旨い 塩、胡椒で素材の味を引き出す

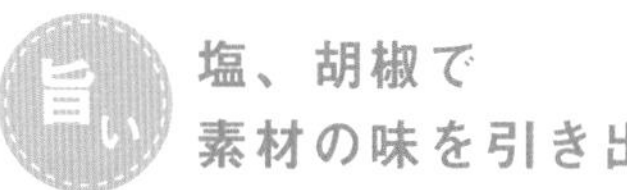

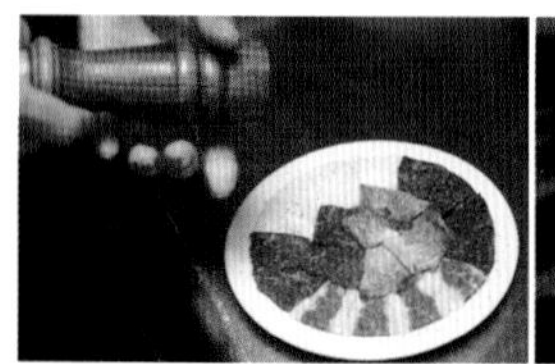

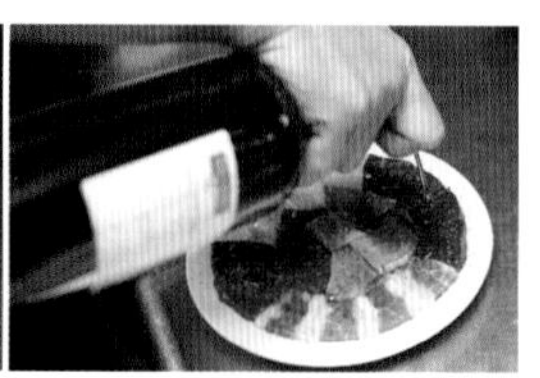

タテガミの脂、ヒレの赤身、タンの歯応えなど、部位ごとの味の違いを繊細に味わってもらうため、塩、胡椒、EXV.オリーブオイルで調味。

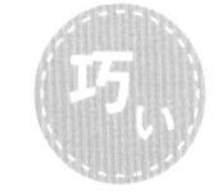

巧い 形を揃えて切りつけ、放射状に並べていく

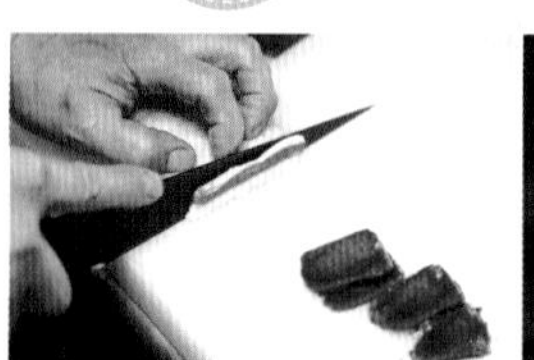

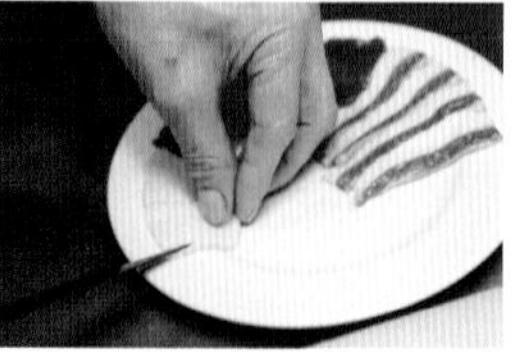

切りつけた身の形がきれいに揃うようサク取りし、注文ごとに切りつける。薄切りにして皿の上に放射状に並べていく。

他では味わえない部位だからこそ、シンプルに素材の味を生かしたい。

馬肉の安全性や低カロリー高たんぱくのヘルシーさなど、素材としての馬肉の魅力に再び注目が集まっている。2003年オープンの同店では、オープン当初からオーナーの村上伸二氏の出身地・熊本から直接仕入れる馬肉を使った馬肉イタリアンを看板にする。その中でも、「馬肉のカルパッチョ」は同店のアイコンメニューで訪れるお客の7〜8割が注文する。

馬肉は牛肉のように等級があるわけでもなく、「どこの牧場で育ってどこの肉屋が扱うかによって品質が決まる」という。村上氏が仕入れる馬肉は、熊本で100年以上馬肉を扱ってきた店で「この肉の仕入れができなかったら、この店はなかった」というほど信頼をおく。そうした鮮度のよさ、処理の確かさを、見た目の美しさでも表現する一皿だ。

素材のよさを見せる切り付けでシンプルに部位ごとの魅力を伝える

馬肉のカルパッチョは珍しいメニューとは言えないが、同店では一皿に5種類の部位を使う。ヒレ、フタゴエ（バラ）、タテガミ、ハツ、タンと、赤身肉だけで作るカルパッチョとはまったく違う。さっぱりとした赤身のヒレ、赤身と脂のコクが味わえるフタゴエ、脂の旨さを堪能させるタテガミ、希少性の高いタン、ハツと、他店では見かけない部位も一皿で存分に味わわせる。

こうした部位の味の違いを繊細に味わってもらうため、味付けは塩、胡椒、エキストラヴァージンオリーブオイルのみ。ストレートに素材のよさを味わってもらう潔さがある。「素材がいいから余計なことをしない」と同店のシェフ・甲斐朋宏氏。その分、刺身のような切り付けで魅せる。部位ごとに適した厚みと角の立った、それぞれの部位に整然と並べた盛り付けが美しい。

恵比寿駅から徒歩８分の住宅街の一角にある一軒家レストラン。古いポスターが飾られた店内は、渋好みの大人客がくつろげる空間になっている。

FREGOLI
住所／東京都渋谷区恵比寿2-8-9
営業時間／12：00〜14：30（L.O.13：30）、18：00〜23：00（L.O.22：00）
定休日／日曜日
規模／9坪・16席
客単価／昼1000〜2000円、夜9000円
HP／http://www.ebisu-fregoli.com/

東京・荻窪　**ことぶき食堂**

豚肉のから揚げ定食　1000円

1956年創業の町中華『ことぶき食堂』のから揚げは鶏ではなく豚。カリッとした衣のクリスピー感と肉のジューシーさが共存する豚のから揚げを、ニンニクとショウガが効いた酸味のあるタレで食べさせる。その味とボリューム感で人気を呼び、看板メニューとして評判に。タレがジュっと染みたから揚げはご飯ともビールとも相性抜群だ。

相性抜群の特製ダレと千切りキャベツ

タレは醤油とおろしニンニク、おろしショウガを混ぜた酢を同割で合わせたもの。豚肉から出る脂とタレの味が相まったキャベツがおいしいと評判で、豚肉に負けないボリュームで盛る。

軽く片栗粉をまぶし、ラードでコクを出す

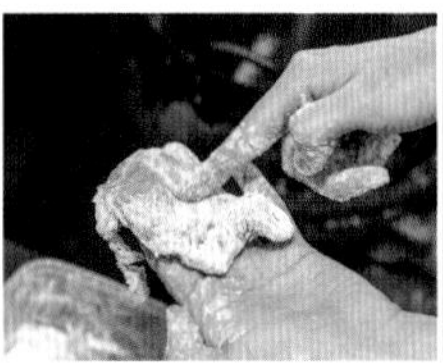

肉には片栗粉をまばらにつけて揚げる。片栗粉をつけすぎると揚げ上がりの食感がボソボソとしてしまうため。ラード100%の揚げ油で揚げ、コクと香ばしさをプラスする。

手切りであえて厚みにバラツキを出す

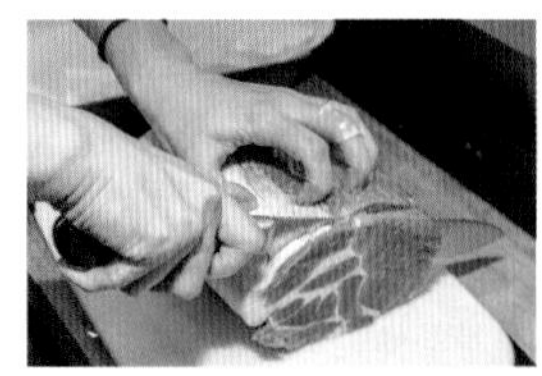

豚肉は程よく脂の入る肩ロース肉を使用し、短時間で火が通るようやや厚みの薄切りに。厚みにバラツキを出すことで、様々な肉の歯応えを味わってもらう。

くどくなりがちな揚げ物を酸味のあるタレでさっぱりと食べさせます。

老舗町中華の『ことぶき食堂』では、約60年前から「鶏から揚げ」ではなく、「豚から揚げ」が名物になっている。お客の8割は男性客。タレがジュッと染み込んだ豚から揚げでガッツリを求めるお客の胃袋を満たしてきた。さらに、この魅力がテレビや雑誌、SNSでも取り上げられ、人気が拡大してきた。多い日には1日70食を売る人気メニューとなっている。

もともとは料理好きの親戚の家でふるまわれていたというこのメニュー。店主の小宮辰之助氏がこれを食べて「おもしろい、珍しい」と感激し、店のメニューに組み込んだのがはじまりだ。その際、豚から揚げをさっぱりと食べてもらいたいと、タレの味を試行錯誤した。

さっぱりとしたタレの味で他にはない豚から揚げを名物に

豚肉は肩ロース肉を使い、手切りで切り出し、片栗粉をまぶしたらラード100％の揚げ油でカリッと香ばしく揚げる。タレのベースは醤油と酢。ここにニンニクとショウガを合わせ、揚げ立てにたっぷりとかける。シンプルな取り合わせながら、くどくなりがちな揚げ物をタレの酸味でさっぱりと食べさせる。

幅広い年代に楽しんでもらいたいとタレには最初から辛味を加えず、後から味変をしてもらうよう七味唐辛子を添えている。好みでふりかけてもらうことで少し辛みを加え、最後まで飽きずに食べてもらえる。

このタレが豚から揚げだけでなく、添えのキャベツにも染み込み、キャベツだけでも、豚肉とキャベツを一緒に口にほおり込んでもおいしい。ご飯に合うだけでなく、ビールにも合うと、単品（800円）でつまみにするお客もいるが、昼時には定食スタイルでの注文がほとんど。煮干しや魚介だしで丁寧に作った味噌汁にご飯、自家製のぬか漬けと、なつかしさのある定食の味に長年通う常連客も多い。

「二代、三代と来てくださるお客様もいて、続けることの大切さを感じています」と店を手伝う娘の白石徳子氏。老舗町中華の名物メニューとして「豚から揚げ」は生き続ける。

ことぶき食堂
住所／東京都杉並区桃井1-13-16
営業時間／11：30～15：00（L.O.14：30）
定休日／木曜日、日曜日
規模／10坪・16席
客単価／1000円

一日50～100個売る！
誰もが笑顔になれる
“まんまる”の形

東京・人形町　ビストロ周

まんまるハンバーグ 塩バーグ（ポテトグラタン付）

1200円

牛と豚の合い挽き肉に炒め玉ネギなどを加え、ふんわりやわらかく焼き上げるまんまるな形のハンバーグ。ソースは４種類を用意し、一番人気が「塩ソース」。炒め玉ネギをベースにエシャロット、生姜などを加えたパンチのある味わいで、肉の旨味を引き立てる。

旨い 炒め上げて生まれる野菜の甘さとコク

塩バーグは〝身体にいいもの〞をという発想から香味野菜をたっぷり使う。ニンニク、玉ネギ、エシャロット、ショウガをオイルでじっくり炒め、水分を飛ばしてソースに。一滴、二滴加える醤油で親しみのある味に仕上げる。

ソースとのなじみもいい優しい口当たり

押しつぶさず丸い形のまま焼き上げるため、口当たりはふんわりとやわらかい。ナイフを入れるとその肉の厚みに驚くお客も多い。

巧い 焼き上がりまで40分！段階的に火を入れる

焼き上がりまで約40分かかる。仕込みの段階で香ばしく焼き目をつけ、アルミホイルに包んで余熱を利用。仕上げはオーブンに入れて20分焼き、段階的に火を通す。

巧い 〝かわいらしい〞と印象に残る形に成形

ハンバーグのタネは牛肉と豚肉の合い挽き肉に、３時間炒め続けて甘みを出した玉ネギを加え、塩、胡椒、ナツメグ、パン粉、卵を混ぜ合わせたもの。１個180ｇで作る。

肉ダネを手のひらに交互に打ちつけながら空気を抜き、左手にのせ、右手を添えてタネを回しながら丸く作っていく。お祭りや催事の時には、1000個以上もスタッフ総出で成形する。

やさしい味わいのふんわりやわらかハンバーグ。ヘルシーさを意識した、野菜ベースの塩ソースが引き立てる

まんまるハンバーグ 塩バーグ（ポテトグラタン付）
４種類のソースで用意する「まんまるハンバーグ」の中でも一番人気が塩バーグ。じっくり炒めた玉ネギ、エシャロット、ショウガに醤油で香りづけした〝塩ソース〟はパンチがあり、ご飯との相性も抜群。誰もがまた食べたくなる味わいで、リピート率も高い。

「目にした瞬間、あっかわいい、おいしそうと食べる前から幸せ感を味わってもらえる料理を作りたかった」と、オーナーの宮嶋順子氏。その思いを表す形から生まれたのが、『ビストロ周』のボールのようなまんまるの形の「まんまるハンバーグ」。１９９８年の創業時から変わらない、誰もが笑顔にあふれる〝まんまる〟な形で、お客を出迎える。

定番ソースに季節のソースを加え飽きさせない工夫も

開業当時はまだインスタ映えなど意識することのない頃。それでも見た目の愛らしさと味のおいしさは、一度食べたら記憶に残る。ランチタイムは、サラダ、お替り自由のライスとスープをセットで提供し、オフィスワーカーの胃袋を満たす。ディナータイムも、お客のほぼ１００％「まんまるハンバーグ」を注文するという人気ぶりだ。

「まんまるハンバーグ」のソースは、常時4種類を用意。創業時から変わらない「木の子クリームソース」と「デミグラスソース」に加え、健康を意識して23年前に開発した「塩ソース」が定番。ここにアボカドワサビソースやライムポン酢、トマトとバジルのソースなど、季節感を取り入れた創作ソースが1種類加わる。

中でも一番人気は、塩ソースを上にのせる「塩バーグ」だ。塩ソースは、玉ネギやエシャロット、生姜、ニンニクを長時間炒め続けて水分を飛ばし、野菜の持つ甘みやコクを存分に引き出してソースにしたもの。塩で味を調えるが、ほんの1、2滴少量の醤油を隠し味にすることで、なじみ深い味に仕上がるという。

このソースをハンバーグの上にぽってりとのせて供する。野菜ベースのソースだが、驚くほど旨みが深く、ハンバーグの肉の旨みと合わさったお

来てくださるすべてのお客様に幸せを感じてもらいたい。その形が〝まんまる〟なんです。

いしさに、一度食べたお客が次もリピートする。

時間をかけてふんわりやわらかく焼き上げる

ハンバーグに使用する肉ダネは、牛肉と豚肉の合い挽き肉に、あめ色になるまで炒めた玉ネギ、ナツメグなどのスパイスを加え、練り合わせたもの。玉ネギを加えることで自然な甘さが加わり、肉々しいハンバーグとは違ったやわらかい味わいが生まれる。この味もまた、幅広い年齢層に支持される理由の一つ。

肉ダネを1個につき180g使用し、ボール状に成型する。しっかり空気を抜いてから、押し潰さないように両手で丸く形づくる。形が丸い分、焼き上がりまでには40分と時間がかかる。そのため、火入れは三段階。両面を香ばしく焼いた後、予熱で火を通し、仕上げにオーブンで焼き上げ、まんまるの形を保ちながら、すっとナイフが通るやわらかいハンバーグに仕上げている。

まんまるハンバーグ 木の子クリームソース　1100円

創業時より25年提供し続ける「木の子クリームソース」。古くからの常連客には「やはりこれ」と支持されている。クリームで煮込んだキノコの味わいが深く、優しい味わいにふんわりとしたハンバーグとのなじみもいい。

まんまるロールキャベツ トマトクリームソース 1100円

ロールキャベツも丸く作り、スープでゆっくり煮込んでシンプルなトマトソースをかけて供する。おでんのだしにも合うと、同店上階の居酒屋ではこのロールキャベツを仕入れ、おでんダネにして人気を博している。

人形町の裏路地にあるビルの地下一階。隠れ家的な佇まいの中で長年に渡って、常連客を集めてきた。

ビストロ周

住所／東京都中央区日本橋堀留町1-6-9 海老原ビルB1F
営業時間／11：00～14：00、17：30～21：00
定休日／日曜日、祝日、土曜不定休
規模／10坪・22席
客単価／昼1100円、夜4000～5000円

深まるだしの味で食べさせるシンプルを追求した「鴨すき」

東京・恵比寿　とりなご　恵比寿店

鴨すき　1人前 3500円

具材は鴨と鴨と相性のよいネギのみ。選べる具材やつけダレの味を魅力にする店も多いが、『とりなご』の「鴨すき」は究極のシンプルさを追求した。シンプルながら、食べ進むにつれて深まるだしの味、上質な鴨肉、だしを吸った白髪ネギと、それぞれが旨味深い。京都から東京へ進出するにあたり、東京の水に合わせただしを工夫し、本店の味で勝負する。

旨い　鴨団子の味もだしにし、味を深める

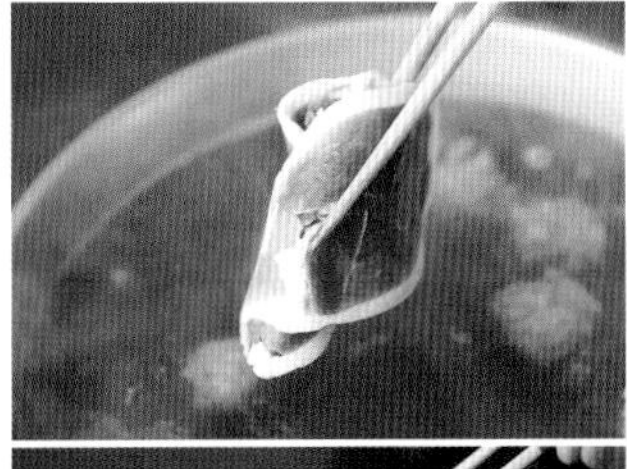

５分ほど鴨団子を煮出してから一度に食べられる量の鴨肉、白髪ネギを入れ、鴨肉は15秒、ネギは５秒程度の煮えばなを食べてもらう。

だしは北海道の山だし昆布と花カツオでとり、割り下で味を調える。

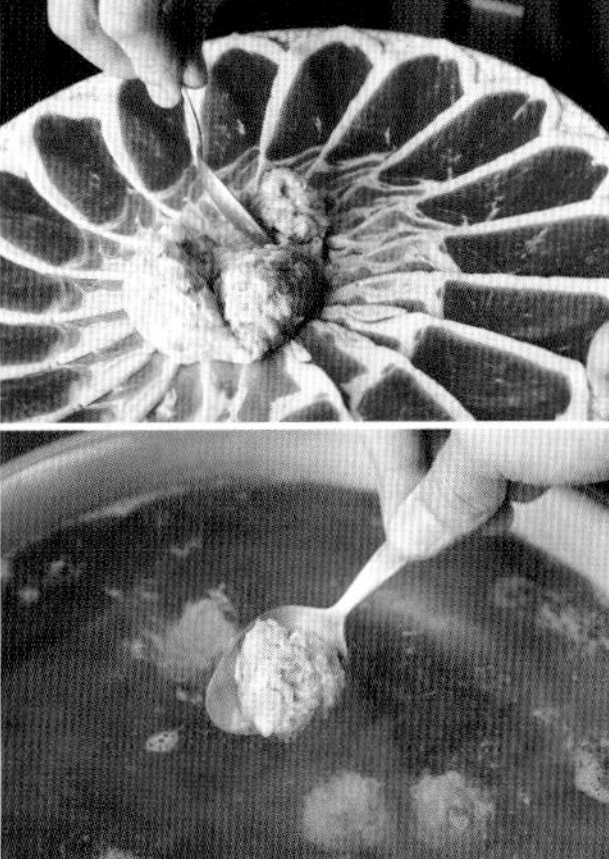

「美味しい食べ方」をスタッフが説明しながら、煮立っただしに鴨団子をひと口大にまとめて入れる。この鴨団子から鴨の旨味やコク、薬味が溶け出し、鴨やネギをおいしく食べさせる。

巧い　“合わせ”の形でスライス

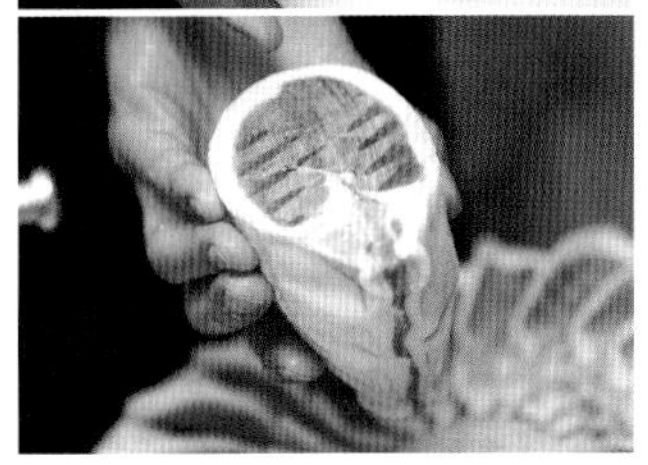

鴨肉は京都の合鴨「京鴨」を使用。手羽元からムネ肉にかけて２枚合わせの状態で仕入れる。余分な脂を落とし、整形する。

合わせの形のままスライサーで0.7㎜程度の薄さにスライスする。１枚１枚が花びらのようになり、大皿に花が咲いたような盛り付けに。端肉や脂は鴨団子に使う。

最初に入れる鴨団子の旨味とコクがだしに移り、鴨肉も白髪ネギも〆も最後まで味わい深い

鴨すき

花のように盛り付けた鴨肉と鴨肉団子、山盛りの白髪ネギ。具材はこの３種のみ。鴨肉団子で〝味を完成させた〟だしでしゃぶしゃぶにする。

『とりなご』の本店は京都・福知山市。名物の「鴨すき」を筆頭に、鳥料理で人気を博してきた創業40年以上を誇る老舗居酒屋だ。もともと鴨肉の鍋料理も予約で提供していたが、現在のスタイルではなく、いろいろな具材も入り、ポン酢で食べさせる一般的な寄せ鍋だった。ただ鍋の中でもいちばん要望が多く、鍋料理の柱となっていった時に、「具はネギだけでいいんじゃないか」というお客の声にヒントを得て、具材は鴨肉、鴨団子、白髪ネギのみというシンプルな形へと変えていった。これが評判となり、今やお客のほとんどがこの鍋を目当てに来店する。

「この鴨すきがあれば、東京でも勝負できる」と、２０１１年に恵比寿店をオープンした。福知山市から東京へ、鍋料理として完成された「鴨すき」を持ってくるからには、本店の味を継承したいと、オープン当初、鍋だしのレシピは本店と同様に作っていたという。だが、京都と東京では水が違うせいか、同じ分量で作っても同じ味にならない。どうしても、塩味が強く、味が濃くなってしまう。

同店の「鴨すき」はだしの味で食べる鍋。昆布とカツオ節でとるだしがベースで、醤油やみりん、塩で作る割り下を合わせて関西風のうどんだしのような味加減に調える。だしの味は地域の水の性質によって微妙に変わってしまうため、割り下の合わせ方など配合を微調整し、東京の水で福知山本店の味を作り出した。

花びらのような鴨肉の盛り付けと真っ白な白髪ネギで驚きを演出

使用する鴨肉は、京都の合鴨「京鴨」を使用。肉質のやわらかさや臭みのなさ、さっぱりとした脂などを考慮して選び、さらに本店のある地元・京都という郷土色もストーリーに組み込むことに成功している。このおいしさに「鍋は冬のもの」

水の違う東京で本店の味を出すため、だしの味を工夫しました。

という常識を覆し、年間を通して「鴨すき」を求めてやってくるお客がほとんどで、恵比寿店では多い時で日に70食以上を売る。

「鴨すき」を注文すると、だしの入った鍋とともに、鴨肉と鴨団子の大皿、こんもりと盛られた真っ白な白髪ネギがやってくる。大皿に薄くスライスした鴨肉がまるで花のように並べられ、中心に鴨団子を置く。鴨肉1枚1枚は、赤身の肉の周囲に白い脂が縁どられ、花びらのように見える。抱き身2枚を合わせて真空包装し、その形のままスライサーでスライスしていくとこの形になる。「鴨すき」用にはロース部分を使い、判の大きさと肉と脂のバランスを見ながら、0・7㎜程度の厚みにスライスする。判の大きさが取れない部分や脂は鴨団子やつまみに活用し、ロスを出さない。

ネギの長さもまた特徴がある。青い部分は鶏団子や薬味に活用し、白い部分をスライサーで、ほぼ1本分の長さで白髪ネギにする。この切り方だと、辛味が出にくく、ネギの甘さが立ってくるのだという。これを1人前にたっぷり3本分を使う。鴨肉は120g、鶏団子は40g。

鴨団子は具材であると同時に、だしの材料としても位置づけられる。鴨ミンチだけでは、団子がかたくなってしまうため、鶏ミンチを合わせて合い挽きにし、ふんわりとした食感を出す。ショウガやゴマ、ネギの青い部分を加え、塩、胡椒などで調味。これを鍋のだしが煮立ったところで、ひと口大にまとめて入れ、5分ほど煮る。煮ている間に鴨団子から味が出てきて、だしの味が深まっていく。

このだしで鴨肉、ネギを食べたあと、〆の麺、さらに雑炊と二段階で鍋の〆にするお客が多い。〆の麺はラーメン、うどん、和そば（各400円）から選べ、雑炊セットは550円で提供。さっぱりと食べられる鴨肉は追加の注文も多く、鴨肉、鴨団子、白髪ネギと追加メニューも用意する。

JR恵比寿駅から徒歩10分、大通りから一本入った隠れ家的な立地。店舗は奥に広がり、味わいのある外観に反して78席という大箱だ。

とりなご　恵比寿店
住所／東京都渋谷区恵比寿3-7-3大倉ビル1F
営業時間／17：00～23：00（L.O.22：00）
定休日／不定休
規模／38坪・78席
客単価／7000～8000円

実質的な豪華さと高利益を
両立させた祝いのすし

東京・東雪谷　高砂寿司

ばらずし（写真は3～4人前）8800円

東京・東雪谷の飲食店が少ない住宅エリアで、60年以上営業する老舗すし店『高砂寿司』。地域の出前需要に長らく応え続ける同店で、特に祝いの席に注文されることが多いのが「ばらずし」だ。魚介の端身やランチ用のすしダネなどを巧みに使い、華やかに盛り付けることで豪華さを演出。3～4人前8800円、5～6人前1万3500円で提供する。

アナゴや小柱などをのせたら、煮ツメを全体に散らして味付けする。煮ツメはオリジナルで、甘さ控えめのさらりとした仕上がり。

3人前の場合、蒸しエビを境に3等分できるよう配置。彩り鮮やかなイクラやトビッコ、エビのおぼろは仕上げに散らす。

巧い　華やかさを意識した盛り付け

すし飯は薄く敷き、上にカンピョウ、ガリ、ゴマ、錦糸玉子をのせる。子供が喜ぶよう、出汁巻き風とカステラ風の玉子焼きを盛る。

旨い　旬の魚貝など約20種類の具材

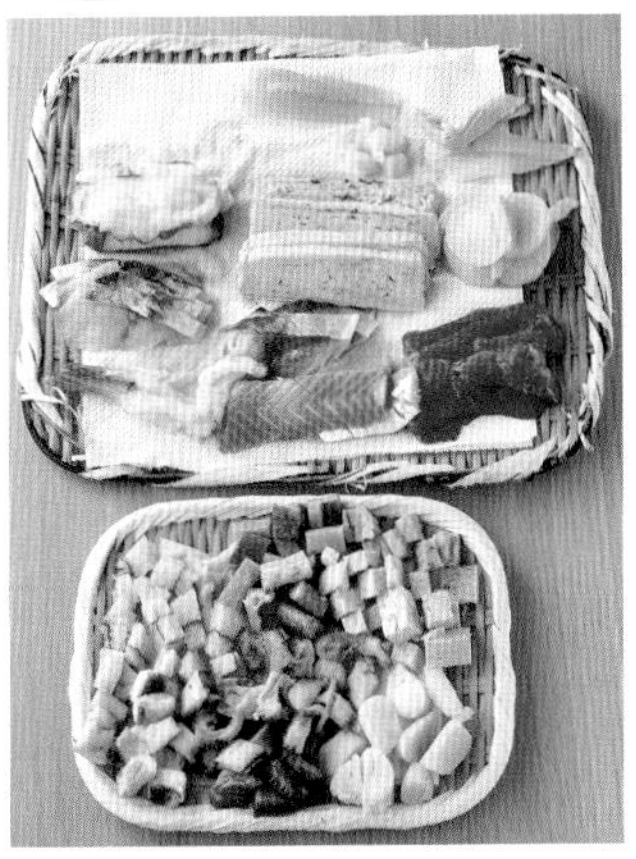

主に切り置きするランチ用のすしダネを活用。ひと口大の大きさにカットすることで、口に入れたときに様々な味が一緒に楽しめる。

岡山の郷土料理をベースに、華やかな盛り付けで地域のお祝い需要に応えるばらずしを開発

ばらずし
※写真は3〜4人前
カンピョウ、ガリ、アナゴ、子持ち昆布、イクラ、トビッコ、甘エビ、レンコンの酢漬けなど、彩りと食感が多様な具材を盛り付けた一品。節句や七五三、慶事などのお祝いの席での予約注文が多い。

1962年（昭和37年）創業。都営浅草線馬込駅からバスで約10分という住宅エリアで、すでに60年を超え、営業を続ける老舗だ。家族客の食事利用から接待利用まで、幅広い利用シーンに応え、地域密着型の〝街場のすし店〟として愛されてきた。慶事や法事など行事の会食には「高砂寿司で」という常連客も多い。

そのなかで、祝いの席で人気があるのが「ばらずし」と呼ばれるちらしずしだ。特に雛祭りや子供の日など節句の日には、1日の予約が20件にものぼるという。

魚介の端材も盛り付けの工夫で豪華で見栄えのするひと桶に

このばらずしが誕生してからすでに30年近くになる。若手のすし店経営者が集まる東京都鮨商生活衛生同業組合の城南支部青年会で共同開発したのがはじまりだ。開発当時、地域や業界活性化に向けた取り組みを行うなか、青年会所属の店で共通して食べられるメニューとして「ばらずし」が誕生した。

「岡山の郷土料理をベースに開発したちらしずしです。見た目が華やかなので、桃の節句や七五三など、子どものお祝い事に注文されることが多いんです」と二代目店主の菅田勇樹氏。現在は、3〜4人前8800円、5〜6人前1万3500円で提供。主に出前での需要が高い。

「ばらずし」にはすし桶を使い、3〜4人前で約5人前に相当する量のすし飯を敷き詰め、その上にひと口大に切った玉子焼きやかんぴょう、タコの桜煮、旬の魚介など約20種類を盛り付ける。桶を使うことで、彩り豊かなすしダネの豪華さに加え、見た目のインパクトも演出できる。

具材を均一に散らし、目で楽しませる配色のポイントは、「茶色や黒など地味な色の食材は下に、

ばらずしは祝いの席の人気商品である一方、高収益な点も魅力です。

イクラや蒸しエビなど鮮やかな色合いの食材を上に盛ること」と菅田氏。

豪勢な見た日に反して高収益商品である点も見逃せない。定番のすしダネを決めてしまうと、時期によって仕入れ値が変動するため、その日用意できる旬の魚介を中心に使う。旬のものを使うことは、味の向上につながるメリットもある。通常営業で使用する食材以外の在庫を抱える必要がなく、ロス回避にもつながる商品となっている。また、営業で出てくるすしに切り付けできない端材も有効に活用できる。

すし×ワインなど新しい取り組みで魅力を広げる

二代目となる菅田氏は27歳で家業を継いだ。ちょうどバブル崩壊後で売り上げが落ち込んでいた頃。新しいことは何でもやろうと、近隣へのチラシ配りなどで認知度を高め、出前も強化した。さらに、2017年のファサードの改装時と同時にメニュー内容や価格を見直した。

高品質なワインも用意し、すし×ウィンの提案も積極的に行い、夜の営業ではすしや一品料理をつまみに、アルコールを楽しむ客層を取り込む。つまみには、「さんが焼き」など、食材の端材を活用したロス軽減料理を中心に構成する。

こうした高収益の商品力により、客単価も大幅にアップし、昼は1100円から2000円へ、夜は7500円から1万2000円～1万5000円へと伸長。

とはいえ、米は宮城県産ササニシキを使用し、すし酢の味も創業以来変わらない。魚介は菅田氏が毎朝豊洲市場に赴き、目利きしたものを仕入れる。すし職人としての本質を見極めているからこそ、現在の繁盛がある。

改装時に、あえて敷居を高く設計。入口から変えることで、食事とアルコールをしっかりと楽しむお客に限定された。

高砂寿司

住所／東京都大田区東雪谷5-9-2
営業時間／11：00～14：00（L.O.13：30）、17：00～21：00（L.O.20：30）
定休日／火曜日、水曜日
規模／28坪・36席
客単価／昼2000円、夜1万円
HP／http://www.takasagosushi.co.jp/

人気店・繁盛店の

ヒットメニュー大全

【プロはこうやる】
「旨い」×「巧い」
人気メニューを作る思考のヒント

発行日	2024年1月6日　初版発行
編著	旭屋出版「近代食堂」編集部 （あさひやしゅっぱんきんだいしょくどうへんしゅうぶ）
装丁・デザイン	株式会社BeHappy（深谷英和）
編集制作	駒井麻子
取材・文	駒井麻子　大畑加代子　佐藤りょうこ
写真	後藤弘行　曽我浩一郎　キミヒロ 佐々木雅久　川井裕一郎
印刷	株式会社シナノパブリッシングプレス
編集	雨宮 響　高橋友輝　平山 航
発行者	早嶋 茂
制作者	井上久尚
発行所	株式会社 旭屋出版

〒160-0005
東京都新宿区愛住町23番地2　ベルックス新宿ビルⅡ 6階
電話 03-5369-6424（編集）／03-5369-6423（販売）
FAX 03-5369-6431（販売）
郵便振替 00150-1-19572
https://asahiya-jp.com

ISBN 978-4-7511-1498-8